AXEL FRÖHLICH

75 MILLIONEN $
FÜR ZU HEISSEN KAFFEE

DIE VERRÜCKTESTEN
KLAGEN DER WELT

riva

Bibliografische Information der Deutschen Nationalbibliothek:
Die Deutsche Nationalbibliothek verzeichnet diese Publikation in der
Deutschen Nationalbibliografie; detaillierte bibliografische Daten sind
im Internet über http://d-nb.de abrufbar.

Für Fragen und Anregungen:
axelfroehlich@rivaverlag.de

1. Auflage 2012
© 2012 by riva Verlag, ein Imprint der Münchner Verlagsgruppe GmbH
Nymphenburger Straße 86
D-80636 München
Tel.: 089 651285-0
Fax: 089 652096

Redaktion: Alexandra Inquart, München
Umschlaggestaltung: Kristin Hoffmann, München
Umschlagabbildung: iStockphoto (Warndreieck), Getty Images/Ian
McKinnell (Kaffeebecher)
Satz: Jürgen Echter, HJR, Landsberg am Lech
Druck: GGP Media GmbH, Pößneck
Printed in Germany

ISBN 978-3-86883-212-9
ISBN E-Book (PDF) 978-3-86413-149-3

Weitere Infos zum Thema:

www.rivaverlag.de
www.facebook.com/rivaverlag.de
www.twitter.de/rivaverlag

INHALT

DIE VERRÜCKTESTEN KLAGEN DER WELT

Nehmen wir an, Sie hätten einen eher alltäglichen und unauffälligen Namen. »Jack Ass« finden Sie als Namen für sich viel passender. Ab sofort nennen Sie sich so. Mit gesetzlicher Genehmigung und allen zugehörigen amtlichen Einträgen. In den USA ist das kein Problem. Da heißt ein Mann freiwillig Jack Ass, was sich milde mit »Dummkopf« übersetzen lässt. So weit so wenig nachvollziehbar. Und dann passiert es: Da erdreisten sich die Macher einer Fernsehsendung des Musikkanals MTV, ihr Format ausgerechnet Jackass zu nennen. Eine Unverschämtheit! Was macht also Mr Jack Ass? Er klagt gegen den Sender. Weil sein *guter Name* dadurch beschädigt würde.

Die besten Geschichten schreibt nicht das Leben selbst. Das Leben selbst kann nämlich gar nicht schreiben. Die besten Geschichten protokollieren die Aktuare der Gerichte. Richtig unglaubliche, skurrile, freche und teilweise absurde Geschichten brocken sich die Menschen gegenseitig ein. Die wenigsten Beteiligten können selbst darüber lachen. Sie beklagen ja irgendeinen Schaden. Wie Mr Ass, der sich selbst damit zu seinem Nachnamen macht. Darüber kann und darf man lachen. Jack Ass macht es uns leicht. Ist ja (zunächst) auch weiter nichts Schlimmes passiert. Wir werden sehen. Ein wenig anders ist die Sache gelagert, wenn Personenschäden oder gar Schäden mit Todesfolge zu beklagen sind. So wie bei der im Internet kursierenden Geschichte eines Amerikaners, der sein nagelneues Wohnmobil während einer Autobahnfahrt auf »Autopilot« gestellt hatte. Was in diesem Fall nichts anderes war als ein simpler Tempomat. Daraufhin ging er nach hinten, brühte sich einen Kaffee und starb im Wrack seines recht zügig verunglückten Autos. Seine Angehörigen verklagten den Automobilhersteller auf Schadenersatz. Es stand schließlich nirgends, dass das Kaffeekochen während der Fahrt gefährlich sein kann.

Wie blöd kann man sein? Darf man trotzdem lachen? Ich finde: ja. Der Tod ist natürlich nicht lustig, die Umstände können es aber sein. Und über Umstände darf gelacht werden. Lachen Sie übrigens ruhig über den hummeldummen Wohnmobilmann. Denn die Geschichte ist erfunden. Den Mann gibt es nicht, die Klage auch nicht. Eine Urban Legend, ein Hoax. Davon gibt es viele. Doch diese Story ist die einzige erfundene in diesem Buch. Alle anderen Klagen, Fastklagen oder Klageabweisungen und Geschichten darum herum entsprechen, soweit ich es mit den Mitteln meiner fleißigen Recherchearbeit herausfinden konnte, der Realität. Und die ist, wie Sie sehen werden, lustig genug.

I. LEHRER-KLAGEN

Spick mich nicht!

Die Klage der Lehrerin gegen die Betreiber des Bewertungsportals spickmich.de war zuletzt vor dem Bundesgerichtshof (BGH) gescheitert. Das Bundesverfassungsgericht sah von einer Begründung seiner Entscheidung ausdrücklich ab (Az. 1 BvR 1750/09). Der BGH hatte im Juni 2009 die Lehrerbenotungen für zulässig erklärt, da sie »weder schmähend noch beleidigend« seien. Der Persönlichkeitsschutz der Lehrerin und ihr Recht auf informationelle Selbstbestimmung müssten hinter das Recht auf freien Meinungsaustausch zurücktreten. Die Bewertungen seien Meinungsäußerungen, die die berufliche Tätigkeit der Klägerin beträfen. Dabei genieße der Einzelne grundsätzlich nicht den gleichen Schutz wie in der Privatsphäre. Dass die Bewertungen anonym abgegeben werden, macht sie aus Sicht des BGH nicht unzulässig. Der BGH verwies zudem auf die relativ hohen Zugangsbeschränkungen des Internetportals.

Jetzt ist es auch vom Bundesverfassungsgericht bestätigt: Schüler dürfen ihre Lehrer im Internet auf der Webseite Spickmich.de benoten. In ihrem Beschluss verwarfen die Karlsruher Richter die Verfassungsbeschwerde einer Lehrerin aus Nordrhein-Westfalen.

Der Bundesgerichtshof betonte zugleich, dass er nur über die Webseite spickmich.de entschieden habe. Wie andere Portale zu bewerten sind, sei offen. Bislang sind nach Angaben der Betreiber der Plattform mehr als 1,6 Millionen Schüler auf spickmich.de registriert. Die Bewertungen der namentlich genannten Lehrer auf spickmich.de entsprechen den Schulnoten 1 bis 6 und orientieren sich an Kriterien wie »cool und witzig«, »beliebt«, »motiviert«, »menschlich«, »gelassen« und »guter Unterricht«. Die Gesamtnote des Lehrers errechnet sich aus den von den Schülern der entsprechenden Schule anonym abgegebenen Bewertungen. Die klagende Gymnasiallehrerin erhielt für ihr Fach Deutsch eine Gesamtnote von 4,3. Ziel ihrer Klage war, dass ihr Name, der Schulname und die unterrichteten Fächer im Zusammenhang mit einer Gesamt- und Einzelbewertung auf spickmich. de gelöscht werden. Das Bundesverfassungsgericht hat bestätigt, dass sich Lehrer einer Beurteilung ihrer beruflichen Leistung im Internet stellen müssen, sagt Tino K., einer der Betreiber des Internetportals. »Mehr Transparenz verbessert das Schulsystem in Deutschland, und Bewertungen der Schul- und Lehrerqualität sind dazu unbedingt notwendig«, ergänzt der ehemalige BWL-Student.

Der Deutsche Lehrerverband hatte das BGH-Urteil scharf kritisiert und seine Hoffnung auf das Bundesverfassungsgericht gesetzt. Verbandspräsident Josef K. bemerkte im Juni 2009, für das Schulklima seien solche Gerichtsentscheidungen nicht förderlich. Besser wäre es, Schüler und Klassen brächten ihre Kritik an Lehrern im offenen und sachlichen Dialog vor. Enttäuscht reagierte auch der Verband Bildung und Erziehung (VBE). Auf spickmich.de würden »Aburteilungen« von Lehrern ermöglicht, die allein auf Stimmungslagen und Meinungsmache basierten.

Hey, Teacher, wir sehen uns vor Gericht!

Laut Landesschulamt kommt es selten vor, dass Schüler Strafanzeigen gegen ihre Lehrer erstatten und vor Gericht ziehen. Es ist auch kein Fall bekannt, bei dem Schülern rechtskräftig der Tafeldienst angeordnet werden konnte. Ferner liegt strafrechtlich kein Tatbestand der Bestechung vor, wenn ein Schüler dem Lehrer die Tasche hinterherträgt und sehr viele Hausaufgaben werden strafrechtlich auch nicht als Nötigung verfolgt. Eine Berliner Gymnasiastin sah trotzdem nur noch eine Möglichkeit, sich gegen eine Fünf in Mathe zu wehren: Jana B. erstattete Strafanzeige gegen den Studienrat Dr. Robert G. Und zwar wegen Verleumdung. Der 51-jährige Mathelehrer soll ihr im Januar vergangenen Jahres vorgeworfen haben, im Nachhinein ihre Mathematik-Klausur manipuliert zu haben. Ihre Arbeit war vom Lehrer mit der Note Fünf bewertet worden. Die Schülerin beanstandete später, dass er eine von ihr richtig gelöste Aufgabe übersehen habe, die ihr eine bessere Note eingebracht hätte. »Er warf mir vor, ich hätte die Aufgabe erst später richtig hingeschrieben und seine Korrektur am Rand mit Tipp-Ex übermalt«, sagt Jana vor Gericht. Weil sie eine solche Behauptung als »menschenverachtend« empfunden habe, sei sie zur Polizei gegangen. Vorher hatten sie Eltern und Schüler ihrer Klasse 11c in diesem Schritt bestärkt. »Es gab einen Elternabend, da haben wir darüber gesprochen«, so die Schülerin. Das Verhältnis zwischen dem Lehrer Dr. Robert G. und der Klasse 11c war offenbar angespannt. Der Notendurchschnitt seiner Mathematik-Klasse lag bei 4,2 und damit noch nicht einmal bei ausreichend. Am Elternabend war Robert G. nicht anwesend. In einem Beschwerdebrief an die Schulleitung hatte die Klasse 11c gefordert, Dr. G. zu ersetzen. Sie warf ihm Sturheit und Unpünktlichkeit vor, er schweife im Unterricht öfter ab und referiere lieber über die Stellung der Frau in Afrika oder den Verfall der Gesellschaft. Der Lehrer schickte als Antwort auf den Brief eine Stellungnahme an das Landesschulamt. Bei der Schulleitung fand Robert G. keinen Rückhalt. Sie hatte zu der Anzeige der Schülerin keine Stellung bezogen. Und auch vor Gericht nahm der amtierende Direktor Harald M. seinen Lehrer mit keinem Wort in Schutz. »Ich hatte den Eindruck, dass Dr. G. Schwierigkeiten im Umgang mit den Schülern auf persönlich-menschlicher Ebene hatte«, sagte der Schuldirektor. Der Studienrat selbst sieht sich als Mobbingopfer. Als er 1996 mit viel Elan am Gymnasium angefangen habe, sei er schon »nicht so gut« empfangen worden. »Der Direktor gab mir nie eine richtige Chance. Man machte Stimmung gegen mich.« Auch habe es nie klärende Gespräche mit ihm gegeben. Jetzt hat der Studienrat freiwillig unbezahlten Urlaub genommen. Strafrechtliche Konsequenzen werden die Querelen am Schadow-Gymnasium für ihn aber nicht haben. Die Klage wurde vor dem Amtsgericht Tiergarten gar nicht verhandelt: Amtsrichter Guido R. stellte das Verfahren ein. Derartige Probleme müssten an der Schule geklärt werden und nicht vor Gericht. »Wir können doch nicht im Namen des Volkes darüber urteilen, wie befähigt ein Lehrer ist«, sagte der Richter.

Hattu Mores?

Eine Realschülerin in Vechta darf Hasen an die Tafel des Klassenzimmers malen und darüber hinaus behaupten, ihre Lehrerin verlasse bei deren Anblick schreiend das Klassenzimmer. Die Erdkundelehrerin verklagte die 16-Jährige, weil sie Gerüchte über ihre angebliche Angst vor Hasen gestreut haben soll. Und das nicht zum ersten Mal. Schon 2008 hatte die Pädagogin eine andere Schülerin wegen desselben Themas verklagt, wie die Gerichtssprecherin sagte. Im vergangenen Sommer verließ die Lehrerin die Schule in Goldenstedt im niedersächsischen Landkreis Vechta. Auch die vor Gericht verklagte Minderjährige ging von der Schule ab.

Beide trafen sich zufällig auf der Haupt- und Realschule in Vechta wieder. Nach Angaben der Sprecherin erzählte das Mädchen auch dort von der Geschichte mit der Hasenangst. Allerdings sollen es laut Medienberichten andere Schüler gewesen sein, die daraufhin die Probe aufs Exempel versuchten. Das Amtsgericht Vechta wies eine darauffolgende Unterlassungsklage der Pädagogin ab.

Endgültige juristische Niederlage für eine Lehrerin, die gegen das Bewertungsportal spickmich.de zu Felde zog: Nachdem der Bundesgerichtshof schon im Jahr zuvor entschieden hatte, dass die Benotung von Lehrern zulässig ist, wies nun das Bundesverfassungsgericht ihre Klage ab.

Mehr als Ärger in der Luft: Lehrer klagt wegen Bienen.

Winfried K. ist Hausmann und Imker. Auf seinem Grundstück in Sedlitz, im Kreis Oberspreewald-Lausitz, hält er 50 Bienenvölker und hat jede Menge Ärger am Hals. Rechtlichen Ärger. Wegen der Bienen. Da fragt man sich: Was machen denn Bienen Schlimmes außer summen und Honig sammeln? Versuchen Sie doch mal, selbst darauf zu kommen. Spontane Möglichkeiten für rechtsbrecherische Bienen wären: (Nur eine Antwort ist richtig.)

A) Die Bienen machen einen Höllenlärm.

B) Die Bienenvölker wandern unaufgefordert in fremde Gärten aus.

C) Die Bienen kacken die Autos voll.

D) Die Bienen stechen (Körperverletzung!).

E) Die Bienen riechen übel.

Herr K. erreichte Post von einem Anwalt. Dessen Klient, ein Lehrer, arbeitet in einem benachbarten Institut. Winfried K. versteht die Welt nicht mehr: »Seit der Wende haben wir in Brandenburg viel zu wenig Imker und damit viel zu wenig Bienen.« Die Landesregierung werbe seit Jahren für Imker-Nachwuchs. Und dann so eine Klage.

Um das Rätsel um die bösen Bienen aufzulösen: Eines Tages war der glänzende Lack des Lehrerautos verunreinigt von Bienenkot. Die Verschmutzung des Autos sei eine »Eigentumsbeeinträchtigung«, lässt der Lehrer gegenüber dem Hobby-Imker Winfried K. erklären. Dieser solle dafür sorgen, dass die Bienen keine Autos mehr verdreckten. Sonst würden weitere rechtliche Schritte eingeleitet. Denn Bienen hinterlassen eben nicht nur Honig, sondern auch Kot – vor allem beim ersten sogenannten Reinigungsflug nach der Überwinterung. In der kalten Jahreszeit geben die Tiere keine Exkremente ab, weil es sonst innerhalb des Bienenstocks zu gefährlichen Seuchen kommen könnte. »Die Bienen (...) halten so lange an, wie es geht«, erklärt Winfried K. »Manche haben so viel Kot im Leib, dass sie zu schwer sind zum Fliegen und sogar sterben.« Deshalb ist der Reinigungsflug nachvollziehbar befreiend für die Bienen. Die Imker, auch Herr K., geben in der Regel den Nachbarn Bescheid, dass diese ihre Wäsche an diesen Tagen nicht raushängen. Als Entschädigung für die Einschränkungen bekommen die Nachbarn dann ein Glas Honig. »Diesmal war der Flug leider nicht am Sonntag, wenn keine Schule ist«, sagt K., »sondern am Montag.« An diesem Tag stand das Auto des Lehrers auf dem Parkplatz direkt unter der Flugroute der Bienen. »Auf dem Lack entsteht ähnlicher Schmutz, wie wenn der Wagen unter einer Linde steht«, sagt der Imker. Doch unter einer Linde sei der Wagen komplett mit Dreck überzogen, bei Bienen sei das nur an einigen Stellen so. Winfried K. kann sich einen Prozess nicht leisten und hofft, dass es nicht zu einer Klage kommt. Der Imkerverband will nun sein Mitglied unterstützen. Es ist übrigens nicht der erste so geartete Fall: Nach der Klage eines Autohändlers hatte der Imker recht bekommen. Der Autohändler wurde dazu verpflichtet, seine Autos für die ein bis zwei kritischen Tage abzudecken. »Trotzdem hat die juristische Auseinandersetzung ewig gedauert«, sagt K. Ärger, weil seine Bienen jemanden gestochen hätten, hat er übrigens noch nie bekommen.

II. EHE, BEZIEHUNGEN UND FAMILIE

Mann stinkt, Frau klagt

Eine Beziehungsgeschichte der besonderen Art. Nach acht Jahren Ehe hat eine Iranerin die Nase voll: sie reicht die Scheidung ein. »Mein Mann sagt, er mag kein Wasser und will deshalb nicht duschen. Er will nicht einmal sein Gesicht waschen, wenn er morgens aufsteht«, zitierte eine iranische Zeitung die verzweifelte Frau. Früher habe ihr Gatte noch einen regelrechten Waschzwang an den Tag gelegt, so die 36-Jährige: »Er duschte dreimal täglich stundenlang und wusch sich alle paar Minuten die Hände.« Dies habe sich aber plötzlich von heute auf morgen geändert. Nun könne es wegen seines strengen Geruchs keine(r) mehr mit ihm aushalten – weder seine Kollegen noch die Kinder, noch sie selbst. Sich scheiden zu lassen, ist für Frauen im Iran allerdings äußerst schwierig. Normalerweise müssen sie nachweisen, dass ihr Ehemann sie finanziell oder sexuell vernachlässigt hat, drogensüchtig ist oder sie misshandelt. Ob Stinken als Scheidungsgrund ausreicht, ist noch nicht entschieden.

Alles Gute und 20 Tonnen zum Geburtstag

Acton Vale/Québec, Kanada – Isidora Provest dürfte Bauklötze gestaunt haben, als sie in der Einfahrt ihr Geburtstagsgeschenk sah. Da lag ein 20 Tonnen schwerer Stein mit pinkfarbenem Schleifchen und aufgesprühten Geburtstagswünschen. Einen »Big Rock« hatte sie sich schon immer von ihrem (Ex-)Ehemann gewünscht. Allerdings hatte Isidora dabei mehr die Metapher von »Big Rock« in Form eines großen Edelsteins im Kopf. Da war er jetzt, der Stein, aber irgendwie anders. Nett war das ungewöhnliche Geschenk also offenbar nicht gemeint. Laut der Zeitung *La Voix de l'Est* stand auf dem Stein ein kleiner Gruß: »Dies ist für alles, was du mir antust.« – dem Blatt zufolge eine Anspielung auf die hohen Scheidungskosten des Ex-Ehemannes. Denn die Scheidung von Isidora Provest hatte sich lange hingezogen. »Es ist ein Geschenk. Seit Jahren wollte sie einen großen Stein von mir haben. Jetzt habe ich einen passenden für sie gefunden«, verteidigte sich der Exmann und amtierende Bürgermeister aus Saint-Théodore-d'Acton vor der Presse. Obwohl er den Stein mittlerweile entfernen ließ, wird die Sache für ihn möglicherweise schwere Folgen haben: Die Beschenkte hat sich bei der Polizei beschwert, der Staatsanwalt hat sich angeblich bereits eingeschaltet. Der Ausgang der Geschichte ist bis heute noch offen.

Füße vom Tisch, oder …

Weil der Mann seine Füße zur Entspannung auf den Tisch legte, hat seine 46-jährige Ehefrau ihm mit einem Küchenmesser in den Knöchel gestochen. Der 49-Jährige erlitt dabei eine stark blutende Wunde und musste zur Behandlung in ein Krankenhaus gebracht werden. Da es bereits öfter zu Handgreiflichkeiten zwischen den beiden Eheleuten aus Regensburg gekommen sei, wurde auch die Frau zur Untersuchung ins Krankenhaus geschickt. Demnach dürfte übermäßiger Alkoholgenuss zur Eskalation des Streits beigetragen haben. Gegen die Frau wird nun wegen gefährlicher Körperverletzung ermittelt. Da klagt nicht nur der Mann, sondern auch der Staat. Welches genaue Strafmaß der gegenüber der Täterin verhängte, konnte leider nicht recherchiert werden.

Sag es mir direkt ins Facebook

»Facebook ermöglicht es dir, mit den Menschen in deinem Leben in Verbindung zu treten und Inhalte mit diesen zu teilen.« So steht es auf der Startseite des sozialen Netzwerkes. Beim Bezirksgericht Wolfsberg in Österreich ist nun ein Strafverfahren wegen eines Facebook-Eintrages anhängig. Ein Vater verklagt seine Tochter, weil sie ihn über Facebook beleidigt habe. Diesem Verfahren geht ein längeres Unterhaltsverfahren voraus, innerhalb dessen es im Februar 2011 bezüglich der Überweisungsmodalitäten zwischen Vater und Tochter zu unterschiedlichen Ansichten kam. Über das Verhalten ihres Vaters offensichtlich erbost, postete die 18-Jährige folgenden Kommentar, der übrigens nur für ihre »Freunde« zugänglich war: »I vastehs a net warum unser vota des greste orschloch is wos frei umadum rennt auf dera wöt«. Nachdem der Kindsvater diesen Kommentar gelesen hatte, brachte er eine Privatanklage im Sinne des § 115 StGB beim Bezirksgericht Wolfsberg ein. Er fühle sich beschimpft und verspottet. Der Vater zog seine Anzeige auch dann nicht zurück, als die Tochter den Kommentar von ihrer Facebook-Pinnwand gelöscht hatte. Er hätte erwartet, dass sie sich für die Äußerung bei ihm entschuldigte.

Das Gericht muss nun feststellen, ob Kommentare in Social Networks dazu geeignet sind, den Tatbestand der Beleidigung im Sinne des Strafgesetzbuches zu erfüllen. Unabhängig davon, ob die Beleidigungen sich gegen ein Familienmitglied richten – oder ob die Tochter eventuell sogar die Wahrheit postete. Kurz vor dem Prozess, in einem Zimmer des Amtsgerichtes Kärnten, konnten sich Vater und Tochter dann doch noch versöhnen. Das Gericht erklärte daraufhin das Verfahren für beendet.

Keine Asche für Asche

Ein Bestattungsinstitut wurde 2010 von einer Frau beauftragt, deren unlängst verstorbenen Herrn Vater einzuäschern. Kurz nach der Einäscherung fand die Frau jedoch heraus, dass es sich bei dem Eingeäscherten gar nicht um ihren leiblichen Vater handeln konnte. Bei der Durchsicht ihrer Unterlagen musste sie nämlich feststellen, dass ihre Mutter den Mann zum Zeitpunkt ihrer Geburt noch gar nicht kannte. Daraufhin weigerte sich die Frau, die 450 Euro für dessen Beerdigung zu zahlen. Das Bestattungsinstitut erhob Klage vor dem Amtsgericht München – und das Institut bekam recht, wie das Amtsgericht mitteilte. »Die Stellung als leibliche Tochter sei in keinster Weise Gegenstand der vertraglich vereinbarten Leistung gewesen«, hieß es in der Begründung. Die Tatsache, dass die Beklagte erst nach dem Tod des Vaters festgestellt habe, dass sie nicht seine Tochter ist, sei »sicherlich für diese persönlich belastend«, stelle aber keinen Anfechtungsgrund dar. Das Urteil ist rechtskräftig.

III. PROMI-KLAGEN

Astronaut klagt gegen Star

Für ihr 2008 erschienenes Album *Safe Trip Home* benutzte die Sängerin Dido auf dem Cover ein Foto des im All schwebenden Astronauten Bruce McCandless. Eigentlich ist der Weltraumpilot auf dem Motiv kaum zu erkennen, denn zum Zeitpunkt der Aufnahme befand er sich etwa 320 Meter von er Raumkapsel Challenger entfernt. Die Aufnahme entstand vor 26 Jahren. Damals war McCandless der erste Weltraumfahrer, der einen sogenannten »free flight«, einen Weltraumspaziergang ohne Sicherungsleine, wagte. Trotz allem fühlt der Astronaut sich in seinen Persönlichkeitsrechten verletzt und fordert eine Entschädigungszahlung. Er behauptet, nie einer Veröffentlichung des Fotos zugestimmt zu haben. Sowohl Dido und die Plattenfirma als auch die Vertreiber des Bildes sollten nun bezahlen. Übrigens heißt die Sängerin mit vollem Namen Dido Florian Cloud de Bounevialle O'Malley Armstrong und ist leider nicht mit dem ersten Mann auf dem Mond verwandt. Obwohl die Klage (Klageschrift liegt uns vor) am 30. September 2010 eingereicht wurde, ist das Verfahren noch nicht abgeschlossen.

Ein Würstchen namens Schweini

In den Leitsätzen des Bayerischen Fleischerverbandes haben Schweini und Poldi nichts mit Fußball am Hut. *Schweini* ist die Abkürzung für Schweinswürstl, *Poldi* für Polnische. Das zumindest behauptet ein Münchner Fleischgroßhändler, der sich den Namen Schweini als Marke im Lebensmittelbereich schützen ließ, um künftig Schweini-Grillwürste zu vertreiben. Das Problem: Bastian Schweinsteiger alias Schweini hat seinen Spitznamen in etwa 30 Klassen als Marke angemeldet. Im Internet gibt es Tassen, Mützen, Armbänder und T-Shirts mit der Wortmarke für Schweini-Fans. Durch Fleischhändler D. fühle sich sein Mandant, so Schweinsteigers Rechtsanwalt Alfred N. Klinger, in seinem Namensrecht verletzt. Beide Schweini-Marken nebeneinander laufen zu lassen, lehnt Anwalt Klinger ab: »Eine Koexistenz kommt nicht infrage.« Der Großhändler, der sich den Namen Schweini sichern ließ, hätte damit kein Problem. »Das war ja keine böse Absicht von mir«, sagte er. An den Fußballer habe er gar nicht gedacht. Weder die Identität noch die Individualität von Schweinsteiger würden sich aus dem Begriff »Schweini« ableiten lassen. Überhaupt habe sich Schweinsteiger zu diesem Zeitpunkt gegen den Spitznamen noch zur Wehr gesetzt und abgelehnt. Das Gericht glaubte dem Beklagten nicht, bei der Markenanmeldung alleine an seine Wursterzeugnisse gedacht zu haben – ohne Bezug zum Kläger. Dies insbesondere, weil der Beklagte kurze Zeit später auch den Namen Poldi als Marke anmeldete und zudem enge persönliche Kontakte zum FC Bayern hatte (Landgericht München I, 4 HK O 12806/06). Bastian Schweinsteiger hat wegen der unbefugten Verwendung des Namens Schweini daher einen Unterlassungsanspruch und kann die Löschung der Marke verlangen. Schließlich kann er auch noch Schadenersatz für die unbefugte Verwendung verlangen. Zu diesem Zweck muss der Beklagte ihm Auskunft und Rechenschaft über den Umfang der Verwendung des Namens Schweini erteilen sowie den damit erzielten Umsatz bekannt geben.

Erkan & Stefan – spießige Spaßvögel?

Das Komikerduo Erkan & Stefan ist mit einer Klage grandios gescheitert. Sie verklagten eine Schnellimbiss-Kette in Österreich, die einen Kebab-Burger mit Onion Rings als »krasser Kebab« mit einer Goldkette drum herum bewarben. Erkan & Stefan vertreiben ihrerseits ein »Dönertier« aus Plüsch in Form eines Döner-Spießes. Die Spaßvögel sahen in der Kebab-Werbung eine Ausnutzung ihrer Imagemerkmale, mit denen sie als Erkan & Stefan bekannt wurden. Das Landgericht sah das anders – und erkannte weder einen Anlass für Schadenersatz noch für ein Verbot künftiger Werbung mit Doppelgängern oder Stimmdoppelgängern der Komiker. Erkan & Stefan könnten sich nicht zugutehalten, als Einzige mit klischeehaften Accessoires wie Trucker-Cap, Jogginganzug, Oberlippenbart und Goldkette türkisch-deutsche Sprach-Comedy zu betreiben. Bildnisse und Stimmen der beiden seien in der Werbung nicht verwendet worden. Die Schauspieler, die den »krassen Kebab« bewarben, seien den Klägern auch nicht annähernd ähnlich gewesen. Außerdem hätten Erkan & Stefan eben keinen eigenen Sprachstil entwickelt, sondern die Verwendung der deutschen Sprache durch türkischstämmige Jugendliche in parodistischer Form aufgegriffen.

Boris Entrup und sein »eineiiger Zwilling«

Das Landgericht Hamburg (Urteil vom 11.08.2011, Az. 324 O 134/11) hat die Klage des bekannten Stylisten abgewiesen, der dem Mobilfunkunternehmen Congstar gerichtlich verbieten lassen wollte, seine Person für Werbezwecke zu vereinnahmen. Boris Entrup ist wohl der berühmteste Stylist Deutschlands. Dies liegt zum einen daran, dass die wenigsten Stylisten überhaupt berühmt werden. Zum anderen, dass er für mehrere Staffeln des Fernsehformats *Germany's next Topmodel* als »Hair & Make-up Artist« agierte. Die Telekomtochter Congstar startete 2010 eine Werbekampagne mit dem Testimonial *Andy*, einem Schauspieler mit einer großen Ähnlichkeit zu Entrup. Andy wurde in bestimmten »Styles« gezeigt: als Rapper, Hippie, Emo oder Funkenmariechen. Im Verlauf des TV-Spots legte er Teile seiner Verkleidung ab und verkündete, er wolle seinen »Style« wechseln. Zentrale Aussage des Spots war, genau wie Andy einen Wechsel vorzunehmen, nämlich zum Mobilfunkanbieter Congstar.

Boris Entrup fand, er sei von Congstar in unzulässiger Weise zu Werbezwecken vereinnahmt worden, da ihm die Kunstfigur Andy zum Verwechseln ähnlich sehe. Nicht nur seine äußeren Merkmale, sondern auch seine Stimme, Artikulation, Gestik und Körperbewegungen würden durch Andy kopiert. Selbst Boris Eltern hätten Andy nicht von ihrem Sohn unterscheiden können. Mit seiner Klage wollte der Stylist erreichen, dass es Congstar gerichtlich verboten wird, Produkte mit dem vermeintlichen Doppelgänger zu bewerben. Außerdem forderte Entrup Lizenzzahlungen, da der Telefonanbieter Entrups Bekanntheit für dessen Werbezwecke genutzt habe.

Die Pressekammer des Landgerichts hat die Klage mit der Begründung abgewiesen, das beklagte Unternehmen habe nicht den Eindruck erwecken wollen, bei dem Darsteller in der Werbekampagne handele es sich um den Kläger Boris Entrup. Die Beklagte habe sich lediglich eines »Typus«, nämlich desjenigen eines gut aussehenden jungen Mannes mit dunklen Locken und Dreitagebart bedient, der aber nicht allein vom Kläger verkörpert werde und an dem dieser keine Rechte innehabe. Zwar bestehe zwischen dem Kläger und der Kunstfigur Andy eine große Ähnlichkeit, diese sei aber nicht derart deutlich ausgeprägt, dass von einem echten Doppelgänger die Rede sein könne. Auch wenn das Thema (Um-)Stylen zur Kernkompetenz des Klägers gehöre, führt dies nicht dazu, dass der Zuschauer denken müsse, der Kläger trete in der Werbung des beklagten Unternehmens auf. In den Werbespots werde Andy nicht als Stylist vorgestellt. Vielmehr gehe es bei seinen »Styles« eher um Verkleidungen, denen ein humoristisches Element innewohne, von dem der Kläger nicht vorgetragen habe, dass dies mit ihm assoziiert werde. Es sei ausgeschlossen, dass ein Zuschauer die Werbung in der Weise verstehe, dass der Kläger, dessen Name in der Werbung an keiner Stelle auftauche, das Produkt des beklagten Unternehmens empfehle. Aus diesem Grund könne der Kläger auch keine Lizenzzahlungen verlangen.

Morettis kleine Wiese

Sie ist 3500 Quadratmeter groß, gehört zur Gemeinde Pfaffenhofen im Bezirk Innsbruck-Land und ist der Grund dafür, dass *Tobias Moretti* vor Gericht zieht. »Sie« ist eine Wiese namens »Nussangele«, die der Tiroler Moretti erwerben wollte. Doch dann legte sich Pfaffenhofen quer – und Moretti klagte gegen die Gemeinde auf den Verkauf des Grundstücks. Versprochen ist versprochen. Wie der ORF berichtet, wollte ursprünglich Morettis Bruder Gregor B. das »Nussangele« erstehen. Da dieser kein Bauer sei, untersagte die Grundverkehrsbehörde den geplanten Kauf. Die Gemeinde versprach jedoch, so die Klage Morettis, die Wiese an ihn abzutreten, entschied sich allerdings dann kurzfristig anders.

Es habe Absichtserklärungen vom Gemeindevorstand gegeben, aber nie einen entsprechenden Entschluss des Gemeinderates, des einzigen zuständigen Gremiums, heißt es seitens Pfaffenhofen. Die Grundverkehrsbehörde wollte demnach den Verkauf an Bauer Moretti nicht genehmigen, weil die Bewirtschaftung einer Wiese so weit vom Hof entfernt nicht sinnvoll sei. Der Schauspieler bewirtschaftet seinen Landsitz nämlich im 15 Kilometer entfernten Ranggen. Moretti aber besteht darauf, die seiner Meinung nach fixe Zusage der Gemeinde einzuhalten, und drohte, den Verkauf gerichtlich zu erstreiten. Der Gemeinderat stimmte Morettis Antrag schließlich zu.

Fast drei Viertel Facebook

Mit einer einigermaßen skurrilen Klage muss sich Facebook derzeit herumärgern – der New Yorker Paul C. verklagte Mark Zuckerberg. Angeblich habe er 2003 einen Vertrag mit Zuckerberg geschlossen, der ihm 84 % der Anteile an Facebook zusichern würde. Diese fordert er nun von Zuckerberg ein. In einer ersten Stellungnahme wies Facebook die Klage als »völlig unseriös« zurück. Richter Theo B. vom zuständigen New Yorker Gerichtshof hat einstweilen verfügt, dass das Unternehmen bis zur endgültigen Klärung des Falles keine Kapitalanteile mehr verkaufen dürfe. Als Erstes berichtete das *Wall Street Journal.* Der Hauptbeweis für die Forderungen von Paul C. ist dabei ein Schriftstück mit dem Titel »Work for Hire Contract«. So will er im Jahre 2003 für schlappe 1000 US-Dollar rund 50 Prozent an Zuckerbergs Vorläufer *The Face Book* erworben haben. Durch Programmierarbeiten an der Webseite sei pro Arbeitstag 1 % hinzugekommen – bis hin zu jenen 84 %. Im April 2011 fügte C. eine weitere Klage und Forderungen gegen Zuckerberg an. Es seien E-Mails aufgetaucht, anhand derer er beweisen könne, dass ihm die Hälfte der Einkünfte von Facebook zustehen. Es handelt sich dabei um eine Summe von 13,5 Milliarden US-Dollar. In einer der E-Mails teile Zuckerberg C. mit, dass er die beiden »Harvard upperclassmen« getroffen habe, »die am gleichen Projekt arbeiten«. Zuckerberg schlägt ihm in der Mail weiterhin vor, er wolle die beiden ausbremsen, damit er *thefacebook.com* vor ihnen herausbringen könne. Klar, wer mit »den beiden« gemeint sein soll: Tyler und Cameron Winklevoss, die olympischen Ruderer und eineiigen Zwillinge. Denn die Brüder behaupten, sie, und nicht Zuckerberg seien die Erfinder von Facebook. Paul C. wurde letztendlich zur Zahlung von 76 000 US-Dollar zum Ausgleich von Zuckerbergs Anwaltskosten verurteilt.

Klagen gegen Borat und Co.

In der 2006 erschienenen Dokumentar-Parodie *Borat* spielt Cohen einen kasachischen Fernsehreporter, der bei einer Reise durch die USA Amerikaner durch antisemitische und frauenfeindliche Äußerungen provoziert. Richterin P. befand, der Film fordere auch dazu auf, sich mit den »skurrilen und befremdlichen Reaktionen« auseinanderzusetzen, die Borat beim »Durchschnittsamerikaner« hervorgerufen habe. Mehrere Betroffene hatten in aller Welt Klagen gegen den Film eingereicht. Hier nur eine Auswahl der kuriosesten Fälle:

»Hau ab« war in Ordnung

New York – Der 31 Jahre alte Geschäftsmann Josep Leroy hatte geklagt, weil er sich durch den Film gedemütigt fühlte. Er wurde dort ohne seine Einwilligung in einer 13-sekündigen Sequenz gezeigt, wie er vor einer Umarmung des britischen Komikers Sacha Baron Cohen flieht und mit »Hau ab!« und »Was machst du?«-Rufen die berühmte Flaniermeile 5th Avenue und die 57th Street hinunterläuft. Leroy tauchte zweimal im Film auf und einmal im Trailer – wobei er in der Vorschau unkenntlich gemacht wurde. Ein US-Gericht hat die Klage wegen Beleidigung eines New Yorker Geschäftsmanns gegen die Filmsatire *Borat* abgelehnt. Der Kinohit habe im weitesten Sinne einen »Nachrichtenwert«. Das schränkt die Persönlichkeitsrechte des Einzelnen ein, befand Bundesrichterin L. Presta laut einem Bericht der *New York Post.*

Betrunkene Studenten wurden überredet zu trinken

Santa Monica/Kalifornien (AP) – Zwei junge Männer aus einer Studentenverbindung, die betrunken im Film zu sehen waren, möchten aus dem Film herausgeschnitten werden. Sie wären zu einem Verhalten angestiftet worden, welches sie sonst nicht an den Tag gelegt hätten. In der beklagten Szene äußerten die beiden rassistische und sexistische Kommentare. Laut Aussage der Studenten hat das Produktionsteam die beiden in eine Bar mitgenommen, um zu trinken und sich ein wenig »locker zu machen«. Ihnen wurde erzählt, dass es sich bei den Filmaufnahmen um eine Dokumentation handelt, die nur außerhalb der Vereinigten Staaten zu sehen sei. Als sie einigermaßen betrunken waren, hätte man sie überredet, eine Einverständniserklärung zu unterzeichnen. Das hätte » irgendetwas mit Haftungsangelegenheiten zu tun«, so das Produktionsteam. In der Klageschrift wollten die Kläger anonym bleiben, um sich vor eventuellen Anfeindungen zu schützen. Der Film hätte »die Kläger zum Opfer von Gespött, Hohn, Erniedrigung und seelischer Grausamkeit« gemacht. Sie litten deswegen unter »geistigen und körperlichen Störungen, Verlust ihrer Reputation« und hätten in der Gesellschaft überhaupt schlechte Karten seit der Ausstrahlung des Films. Die Beklagten sind 20th Century Fox, News Corporation und die drei Produktionsfirmen. Zusätzlich zur Entfernung der Szene aus dem Film verlangen die Kläger außerdem einen Schadenersatz in unbezifferter Höhe. Die Klage wurde abgelehnt.

Ganz Glod ist sauer

Glod ist eine rumänische Ortschaft der Gemeinde Moroeni im äußersten Norden des Kreises Dâmbovița. Glod bedeutet im Rumänischen »Schlamm«. Die Bewohner Glods fühlen sich über den Tisch gezogen – sie wohnen in Holzhütten, haben keinen Wasseranschluss und keine Kanalisation. Geld wäre bitter nötig.

Ein berühmtes Anwaltsduo will nun dafür sorgen, dass der Traum vom großen Geld Realität wird: Michael Witti aus München und Ed Fagan aus New York vertreten zwei der Einwohner Glods vor Gericht und wollen 30 Millionen US-Dollar Schadenersatz für ihre Mandanten erstreiten. Die Anwälte werfen den Produzenten von *Borat* Diskriminierung der Roma sowie Irreführung und Betrug vor. Im Film wird das Dorf, in dem mehrheitlich Roma wohnen, als kasachischer Heimatort des fiktiven Reporters vorgestellt. Die Kläger sind Spridi C., der im Film als »Schweißer und Abtreibungsgynäkologe« vorgestellt – und Nidi T., der als »Dorfvergewaltiger« bezeichnet wird. Beide Männer hatten als Statisten mitgewirkt und klagen nun darüber, nicht ausreichend über den Inhalt des Films informiert worden zu sein. Die Produktionsfirma hätte ihnen erklärt, sie würden einen Dokumentarfilm drehen, der ihr Dorf vorstelle – dass sie in einem internationalen Kinospielfilm mitwirken, sei ihnen nicht bekannt gewesen. Im Film werden die Bewohner des kasachischen Heimatortes von Borat als »Dummköpfe, Diebe, Vergewaltiger und Rassisten« dargestellt. Die Filmemacher hätten den niedrigen Bildungsstand und die Gutgläubigkeit der Menschen arglistig ausgenutzt. Spridi C. ist im

Film nur kurz zu sehen. Nidi T., dem eine Hand fehlt, hatte Borat eine Gummifaust von seiner Reise in die USA mitgebracht. Der Dorfbewohner sagt, er habe erst später erfahren, dass es in Wahrheit ein Riesen-Dildo war, der ihm an den Stumpf seines Armes montiert wurde und mit dem er in der Schlusssequenz des Films umherwedelt. Insgesamt 16 Parteien müssen sich verantworten – neben 20th Century Fox auch Produktionsfirmen, Produzenten und Drehbuchschreiber. Bei der Klage soll es aber nicht nur um Schadenersatz gehen, sondern um eine Entschuldigung der Filmproduzenten bei allen Roma. Kurioses Detail des Falles: Am 24. Juni 2009 wurde dem Staranwalt Ed Fagan in New Jersey sowie zuvor in New York die Anwaltslizenz entzogen. Mehr als zehn Jahre lang hatte die Abteilung für Anwaltsethik beim obersten Gericht in New Jersey gegen ihn ermittelt. Ob und wie das Gericht über die Klage gegen Borat & Co. befand, ist leider nicht bekannt.

Böser Brüno beim Bingo

Wegen eines Zwischenfalls beim Senioren-Bingo kommt noch eine Schadenersatzklage hinzu. Richelle Olson, Schauspielerin und Komikerin, hat Sacha Baron Cohen in Kalifornien wegen Körperverletzung auf Schadenersatz in unbekannter Höhe verklagt. Der Klägerin zufolge wurde sie bei einem Handgemenge mit dem Komiker derart verletzt, dass sie nun »verkrüppelt« und daher auf einen Rollstuhl angewiesen ist. Laut Gerichtsdokumenten ereignete sich der Vorfall 2007 in Palmdale/Kalifornien bei einer Bingo-Veranstaltung für Senioren, die Cohen als prominenter Gast moderierte – und die für *Brüno* aufgezeichnet wurde. Der Komiker, der in seiner satirischen *Brüno*-Rolle als schwuler österreichischer Lifestyle-Reporter auftrat, erregte Olsons Zorn. Die Organisatorin der Benefizveranstaltung wollte ihm nach eigenen

Angaben das Mikrofon wegnehmen. Cohen habe eine »vulgäre und anstößige Sprache« benutzt. Dann sei es zu einem »körperlichen Kampf« mit dem Komiker und seinem Kamerateam gekommen, in dessen Verlauf sie zu Boden gefallen sei. Sie habe sich dann schockiert in einen anderen Raum zurückgezogen, wo sie ohnmächtig zusammenbrach und sich bei einem Sturz am Kopf verletzte. Im Krankenhaus seien später Gehirnblutungen diagnostiziert worden, macht Olson weiter geltend. Die Filmfirma setzte der Klage den Vorwurf von Rechtsmissbrauch entgegen. In einer Vorinstanz wurde zugunsten von Universal Pictures entschieden. Das Gericht erkannte den satirischen Charakter des Filmes an, der die Ansichten der Bingo-Teilnehmer in Bezug auf Homosexualität und schwuler Kultur im Interesse der Öffentlichkeit herausarbeitete. Die Tatsache, dass Olson eine standardisierte Einverständniserklärung unterzeichnet hatte, sprach ebenso für Universal. Die Produktionsfirma will nun ihrerseits eine Klage gegen Olson wegen Rechtsmissbrauchs durchsetzen.

Brüno und sein Terrorist

Ein Mann aus Bethlehem im Westjordanland klagt gegen Cohen, den Filmverleih Universal Pictures und US-Talker David Letterman. Ebenfalls Gegenstand der Klage: *Brüno*-Regisseur Larry Charles sowie Lettermans Produktionsfirma Worldwide Pants, der ausstrahlende Sender CBS und der Medienkonzern Gannett Company. Ayman Abu Aitas wirft den Beklagten vor, seit dem Kinostart Morddrohungen zu erhalten. Sein Ruf als Geschäftsmann habe enorm gelitten, und er lebe seither in steter Angst um sich und das Leben seiner Familie. Cohens Film habe sein Leben ruiniert. Er fordert die Einstellung des Verkaufes und der Vorführung von *Brüno*. Außerdem sollen die Beklagten insgesamt 110 Millionen US-Dollar an ihn zahlen – weit mehr als die Hälfte des internationalen Kinoeinspiels. Eine ungewöhnlich hohe Summe, auch gemessen an vergleichbaren Klagen gegen Filmproduktionen. Abu A. führt ein Lebensmittelgeschäft in der Nähe von Bethlehem. Im Film wird er als Anführer der radikalen palästinensischen Al-Aksa-Brigaden vorgestellt. Cohens *Brüno* will seine eigene Entführung arrangieren. »Ich will berühmt werden«, sagt *Brüno* zu Abu A. »Ich will, dass die Besten mich kidnappen. Al-Qaida ist sooo 2001.« In der Letterman-Show bezeichnete der Brite Cohen Abu A. als »den Terroristen«, einmal gar als »meinen Terroristen«, und scherzte, er bete zu Gott, dass der Mann den Film niemals sehen werde. Abu hat den Film gesehen. Cohen sei ein »Lügner«, der ihn ausgetrickst habe – ein Vorwurf, der dem zahlreicher Statisten aus dem vorherigen Film *Borat* ähnelt. »Cohen hat behauptet, er sei ein deutscher Produzent, der einen Film über die Palästinenser macht«, rechtfertigte sich Abu A., warum er sich überhaupt habe überreden lassen, beim Dreh mitzumachen. Auf *Brünos* Entführungsanfrage habe er gesagt: »Erstens bin ich kein Terrorist und zweitens sind Sie ein Gast hier. Also muss ich auf Sie aufpassen, bis Sie mein Land wieder verlassen.« Diese Szene sei kurzerhand herausgeschnitten worden, beklagte er. Ayman Abu Aitas hat schon mal für 18 Monate im Gefängnis gesessen. Wie sein Rechtsanwalt J. R. Breman dem *Law Blog* mitteilte, sei er aber nie verurteilt worden. Dass er ungehindert in die USA einreisen kann, spricht für seine Darstellung. Abus Klage wurde im Februar 2010 am Manhattan D. C. Superior Court eingereicht. Das Verfahren ist noch schwebend.

IV. TIERISCHE KLAGEN

Kaltblütige Nachbarn

Was wissen Sie eigentlich über Ihre Nachbarn? Nette Leute – oder vielleicht auch nicht. Aber wissen Sie sicher, was die für Leichen im Keller haben? Oder gar sehr lebendige Untermieter? Verschiedene Anwohner in einer Münchner Wohnsiedlung ahnten jedenfalls nicht, wen oder was der Nachbar in seinem Keller beherbergte. Allerdings bot dieser keinen Grund zur Klage, denn seine »Bewohner« wohnten legal und mit behördlicher Genehmigung. Angefangen hatte alles mit einer Erlaubnis zum gewerbsmäßigen Halten, Züchten und Handeln mit Süßwasserfischen sowie bestimmter Echsen- und Schlangenarten in zwei Kellerräumen. Wer schließlich klagte, waren auch nicht die Anwohner, sondern der Tierliebhaber selbst. Angefangen hatte alles mit seinem Antrag, auch Krokodile, Schildkröten, Giftschlangen und Nattern halten zu dürfen. Das lehnte das Landratsamt Fürstenfeldbruck rundheraus ab. Eineinhalb Jahre später versuchte es der Echsen- und Schlangenliebhaber erneut und fügte eine Tierbestandsliste seines »Reptiliencenters« bei. Wieder erhielt er eine Abfuhr von Amts wegen. Der Halter klagte vor dem Verwaltungsgericht – auch vergebens. Die Richter ordneten sogar die sofortige Räumung des illegalen Zoos an. Mittlerweile war der Bestand auf 86 Tiere angewachsen. Die richterliche Aufstellung liest sich wie das Who is Who sämtlicher Wechselwarmen: Gift- und Würgeschlangen, Speikobras, Boomslang, Vipern, Brillenkaimane und afrikanische Skorpione, alles in – wie das Gericht schreibt – »sehr beengten Räumlichkeiten« und ohne Schleusenbereiche, die ein Entweichen ins Freie verhindern könnten. Auch der Bayerische Verwaltungsgerichtshof hatte in nächster Instanz kein Verständnis für den Natternfreund (Az. 24 Cs 03/730). Mittlerweile hat er seine Sammlung in den Grazer Reptilienzoo gegeben. Der Spaß kommt den Tierfreund teuer: Kost und Logis für Vipern und Co. verschlingen laut Gerichtsakten jeden Tag zwischen 290 bis 308 Euro.

Robby und Olga – verbotene Liebe

Olga sieht wirklich verdammt gut aus: mittlere Größe, muskulöser Körper, langes, dichtes Haar, Traummaße von 9:10 (Verhältnis von Körperhöhe zu Körperlänge). Olga und ihre ebenso hübsche blutjunge Schwester Margy – zwei Damen von Stand – hatten allerbeste Chancen unter ihresgleichen. Beide sind nach der *Fédération Cynologique Internationale* reinrassige polnische Hütehunde. Sie tragen alle Qualitätsmerkmale, die eine Pon-Hündin haben muss. Das sah Robby ganz genauso. Für ihn gab es kein Halten mehr. Robby riss sich los. Zerfetzte sein altes, abgenutztes Lederhalsband. Setzte über einen Zaun. Olga und Margy, die beiden unerfahrenen Dummchen, ließen sich auf den wilden Mischling Robby ein. Was der Beginn einer leidenschaftlichen Ménage-à-trois hätte werden können, rief jedoch bei Olga und Margys Besitzerin nur Entsetzen hervor. Margy warf fünf Welpen, Olga verweigerte sich dem für sie zugedachten Zuchtrüden. Durch Olgas beharrliche Treue zu Robby entgingen der Besitzerin 2800 Euro. Zusätzliche 1300 Euro verschlang die Aufzucht von Margys Kegel-Welpen. Robbys Herrchen war Gentleman genug und stand zumindest teilweise für die Konsequenzen ein. Seine Versicherung zahlte freiwillig 1022 Euro. Auf den restlichen 3078 Euro blieb die

Besitzerin der Hundedamen jedoch sitzen. Laut Richter des Oberlandesgerichts Hamm lag die Hauptschuld nämlich bei ihr. Sie hätte eben besser aufpassen müssen: »Die Mithaftung ergibt sich schon daraus, dass die Gefahr für die Entstehung des Schadens durch Deckakte in erster Linie von der läufigen Hündin ausgeht«, begründeten die Richter. »Die läufige Hündin sendet, wie der Sachverständige im Einzelnen und anschaulich erläutert habe, Duftstoffe aus, durch welche Rüden angezogen werden, ohne dass sie dem aufgrund ihrer Natur widerstehen können (...). Dabei war die Aussonderung der Hündinnen aufgrund ihrer Konkurrenzsituation besonders stark.« So das Urteil (Az. 13 U 62/88).

Die Geschichte einer Ehe, die definitiv auf den Hund gekommen ist – oder die Suche nach des Pudels Kern

Der Hund W., »acht Jahre alt, Pudel, Fell grau«, wurde nicht gefragt. W.s Frauchen riss das Sorgerecht nach ihrer Scheidung einfach an sich. Das Herrchen war konsterniert. Der Exgatte wollte auf seinen betagten Kumpel nicht verzichten: Er klagte auf Herausgabe des Hundes. Alternativ stellte er den Antrag auf ein Umgangsrecht mit dem Pudel. Und glatt trafen sich die geschiedenen Eheleute erneut vor Gericht. Die Frau weigerte sich beharrlich, ihrem Exmann den Hund zu überlassen. Das Tier dürfe sich nicht »in seinen Bezugspersonen hin- und hergerissen vorkommen«. Der Gatte argumentierte, ein Umgangsrecht entspreche auch den Interessen des Hundes am ehesten. Wieder wurde W. nicht gefragt. Um dem entgegenzukommen, beauftragte das Amtsgericht Bad Mergentheim tatsächlich einen tierpsychologischen Sachverständigen. Das Ergebnis: »Es erwies sich in der mündlichen Verhandlung als durchaus eindrucksvoll, dass der Hund W., nachdem er von der Leine genommen war, sich sofort zielstrebig zum Antragsteller begab, sich von diesem bereitwillig auf den Schoß nehmen ließ und dort deutliche Zeichen des Wohlgefallens von sich gab; zum Beispiel leckte er das Gesicht des Antragstellers mehrfach ab.« Für das Gericht war die Sache nun klar. Unter »Anerkennung des Hundes als ein Mitgeschöpf und der sich daraus ergebenden zwingenden Folge eines Verbotes, mit diesem Mitgeschöpf völlig willkürlich umzugehen«, entschied es: »Der Antragsteller hat das Recht, den Hund W., der sich bei der Antragsgegnerin befindet, zweimal monatlich zu sich zu nehmen, um mit ihm zusammen zu sein und auch spazieren zu gehen. Diese Begegnungen zwischen dem Antragsteller und dem Hund finden jeweils am ersten und dritten Donnerstag eines jeden Monats in der Zeit von 14 bis 17 Uhr statt. Der Antragsteller wird den Hund jeweils um 14 Uhr bei der Antragsgegnerin abholen und ihn dann bis spätestens 17 Uhr wieder dorthin zurückbringen.« (AG Bad Mergentheim, 1 F 143/95) Ob das auch dem Zeitplan des Pudels entspricht, geht aus dem Urteil leider nicht hervor.

Hühnertod am Hühnertor – oder die Frage nach dem Huhn und dem Ei

Ein holländischer Ballonfahrer flog an einem Septemberabend im Jahr 2004 in einer Höhe von nur 25 Metern über einen Geflügelhof im niedersächsischen Wilsum nahe der holländischen Grenze hinweg. Nicht weniger als 20 000 freilaufende Hühner sollen sich dabei derart über den Tiefflug erschrocken haben, dass sie in Panik ausbrachen. Die Hühner hätten versucht, über den zwei Meter hohen Zaun zu flattern oder sich auf die 21 Stallöffnungen gestürzt, sodass sie sich ineinander verkeilten. Manche Hühner rannten sogar einfach gegen die Wand. Hühner eben. Ob sich ein Huhn dabei ernsthaft verletzt hatte, ist unbekannt. Allerdings legten, laut dem klagenden Bauern, die Hennen noch zehn Tage nach dem Ereignis weit über die Hälfte weniger Eier. Schuld an der verminderten Legeleistung wäre das Zischen und Fauchen des Propangasbrenners, den der Fahrer mit »voller Wucht« habe laufen lassen. Den Ausfall hatte der geschädigte Geflügelbauer tagtäglich fein säuberlich aufgelistet. Er verlangte mehr als 30 000 Euro Schadenersatz für die entgangenen Eier. Die Richter des Landgerichts Osnabrück gingen der Sachlage akribisch nach. Mithilfe eines Gutachters werteten sie Legeleistungsprotokolle aus, bildeten Tagesmittel- und Abweichungswerte, studierten den Eizyklus des Huhns und kamen zu einem erstaunlichen Schluss: »Für die dauerhafte Legeleistungsminderung zehn Tage nach der Ballonüberfahrt seien andere Ursachen heranzuziehen, die mit der Ballonüberfahrt nicht in Zusammenhang stehen.« Die Bildung eines Hühnereis braucht laut Experten vom Follikelsprung bis zur Eiablage 23 Stunden. Demnach hätte sich die Panik bereits am Folgetag niederschlagen müssen. Und weil die Richter dem Sachverständigen und der von ihm vorgetragenen Hühnerfachliteratur glaubten, ging der Besitzer des schreckhaften Federviehs leer aus. (Az. 5 O 2657/05)

Verstoß gegen die guten Sittiche

Eines Tages stand das Veterinäramt bei Andi M. vor der Tür. Er war von seinen Nachbarn angezeigt worden. Der 51-jährige Unternehmer aus Erding hatte seine drei Wellensittiche auf dem Balkon im Käfig stehen lassen – bei Minusgraden. Die Tierschützer vom Amt stellten daraufhin im März 2010 einen Bescheid aus, wonach M. seine Vögel frostfrei, mit Trinkwasser versorgt und in einem größeren Käfig unterzubringen habe. Ein Meter breit, 50 Zentimeter tief und 50 Zentimeter hoch – das sei die empfohlene Mindestanforderung an den Käfig für die drei Vögel. Für die Außenhaltung auf dem Balkon sei zudem ein Schutzraum anzulegen. Doch Andi M. wusste es besser und wehrte sich. Er klagte gegen den Bescheid, der ihm vorschreiben sollte, wie er Flupp, Fummel und Flutsch zu halten habe. M. halte seit seinem zwölften Lebensjahr Wellensittiche. Seinen Tieren gehe es gut. Auch die niedrigen Temperaturen würden ihnen nichts ausmachen, weil Wellensittiche schließlich Wüstenvögel seien. Das Gericht fand einen Kompromiss, der als Vergleich von beiden Seiten angenommen wurde. Die Verwaltungsgebühr von 50 Euro wurde halbiert. Der Absatz über die Außenhaltung entschärft. Aber auch Andi M. musste Kompromisse eingehen. So wird er wohl nicht umhinkommen, einen größeren Käfig für Flupp und Fummel anzuschaffen. Flutsch ist nach einer Infektion gestorben. Das Veterinäramt darf nach Anmeldung noch einmal die Vogelhaltung bei ihm kontrollieren. »Die strengsten Gesetze sind die ungerechtesten [sic!]«, seufzte der Wellensittich-Liebhaber, als ihm der Vergleich vorgeschlagen wurde. Ob Flutsch infolge einer erkältungsbedingten Infektion gestorben ist, ist nicht bekannt.

... lieber doch nicht

Verliebt, verlobt, verheiratet – geschieden. Ein Ehepaar mit Hund legte vertraglich fest, dass das Herrchen der Hündin Angie sich im Scheidungsfall zu pauschalen 100 Euro Unterhaltszahlung bis zum Tod des Tieres verpflichtet. Das deutsche Scheidungsrecht kennt nämlich kein Sorgerecht für den Familienbegleiter. Egal ob Hund, Katze oder Kaninchen: Wer sich um den Vierbeiner nach der Scheidung kümmert und wer wie viel hierfür zahlen soll, müssen die Paare selbst untereinander regeln. Die Scheidung kam. Angie wurde der Frau zugesprochen. Als Frau und Hund aus dem Haus waren, packte den Mann der Ärger über die unterschriebene Vereinbarung. Er kündigte kurzerhand von sich aus den Unterhaltsvertrag. Das Oberlandesgericht Zweibrücken entschied hingegen, dass er nicht einfach den Hundeunterhalt aufkündigen könne. Dass er den Unterhalt nicht mehr zahlen wolle, reiche als Kündigungsgrund einfach nicht aus. Die Richter bestätigten die Wirksamkeit des Vertrages. (Az. 2 UF 87/05)[1]

Mein Kampfhund wurde diskriminiert!

Die Polizeiverordnung der Stadt Mannheim verpflichtete alle Mannheimer Kampfhundehalter zur Anzeige- und Erlaubnispflicht ihrer Hunde. Ist ein Hund bissig, darf er nur mit Maulkorb raus. Damit der Mannheimer weiß, ob er einen Kampfhund hat, wurden in der Verordnung die Hunderassen dementsprechend definiert. Auf besonders gute oder schlechte Charaktereigenschaften der einzelnen Hunde kann die Liste dabei keine Rücksicht nehmen und gibt den Herrchen und Frauchen auch keine Chance, einen Hund von der Gefährlichkeit auszunehmen. Dagegen wehrte sich der Besitzer eines mutmaßlich freundlichen Rhodesian Ridgeback, einer ebenfalls in der Liste aufgezählten Rasse. Der Mann hielt die Einstufung für willkürlich und deshalb für unvereinbar mit dem Grundsatz der Gleichbehandlung von Hunden. Der Verwaltungsgerichtshof Mannheim akzeptierte diesen Einwand und erklärte die einschlägige Bestimmung in der polizeilichen Verordnung für nichtig (1 S 2214/98). Die Einstufung sei sachlich nicht einleuchtend, weil vergleichbare Hunderassen – so der Deutsche Schäferhund, die Deutsche Dogge oder der Rottweiler – in dieser Liste nicht genannt würden. Man dürfe den Tierhaltern der als gefährlich defi-

---

1   Die folgende leicht nachvollziehbare Zuständigkeit gilt: Das SchlHOLG verkündete am 21.04.98 Az. 12 WF 46/98: »Da ein Hund ein Haustier ist und Haustiere als Hausrat im Sinne der Hausratsverordnung gelten, ist für die Zuweisung eines gemeinsamen Hundes von Eheleuten das Familiengericht zuständig.«

nierten Rassen nicht die Möglichkeit nehmen, im Einzelfall die Annahme der Gefährlichkeit zu widerlegen.

Ein Papagei ist kein Huhn

Zwei Salomonkakadus und zwei Gelbbrustaras in Zwickau fielen in ihrer Nachbarschaft unangenehm auf. Die Vögel bewohnten eine große Voliere im Garten eines Einfamilienhauses. Die vier waren derartige Tratschtanten, dass sich die Nachbarn in ihrer Ruhe gestört fühlten und gegen die Tiere vor Gericht klagten. Nach ausführlichen Erkundigungen und unter Zuhilfenahme von Brehms neuer Tierenzyklopädie erkannten die Richter, »dass (…) Vögel dieser Spezies dazu neigen, einen ohrenbetäubenden Lärm zu veranstalten. (…) Aus dieser genannten Literatur, welche die Kammer bei der Entscheidung des Falles zurate gezogen hat, ergab sich, dass es sich bei Kakadus und Papageien um sehr gesellige Tiere handelt, die sich durch Menschen oder andere Tiere zu Geräuschen, die sehr laut sein können, anregen lassen. Dies geht über das ortsübliche Maß der Geräusche einheimischer Tiere weit hinaus.« Damit sind sie anders als Hühner, von denen »in der Regel kein Dauerlärm ausgehe«. Das Gleiche gilt auch für einen Hahn, der bekanntermaßen ja nicht den ganzen Tag kräht. Schön und gut, und eigentlich keine besonders »verrückte Klage.« Das Seltsame ist die Schlussfolgerung der Richter: Eine Stunde am Tag dürfen die Vögel fortan im Garten plappern und schreien, wie ihnen der Schnabel gewachsen ist. Aber nur »in der Zeit zwischen 9 und 12 Uhr« oder »15 und 18 Uhr« (Az. 6 S 388/00). In der restlichen Zeit hat Ruhe zu herrschen.

Eine ähnliche Klage führte übrigens laut *Bild am Sonntag* ein prominenter Regisseur mit einem Faible für außergewöhnlich rohe Gewaltszenen. Kein Geringerer als Quentin Tarantino klagte gegen seine Nachbarn. Das Gekreische der Papageien ging ihm irgendwann immens auf die Nerven. Ob Alfred Hitchcock eine ähnliche Klage verlor, ist nicht bekannt.

Taube vs. Cessna

Beim Landeanflug auf den Flughafen Paderborn geriet ein Geschäftsflugzeug vom Typ Cessna in einen Schwarm von Brieftauben. Darunter befand sich unglücklicherweise die Taube eines thüringischen Brieftaubenhalters – und geriet dabei in den Lufteinlass einer Turbine. Das zweimotorige Flugzeug konnte landen, die Taube war tot. Der Lufteinlass des Flugzeuges war jedoch irreparabel zerstört und musste ausgetauscht werden. Da dem Flugzeugbesitzer glücklicherweise der »Halter« der Taube bekannt wurde, musste er den Schaden nicht hinnehmen, sondern konnte gegen eine Person Klage einreichen – was er auch tat. Die Richter sahen im tragischen Unfall in den Lüften »Betriebsgefahren, die durch das Tier und das Flugzeug in den Luftverkehr gebracht worden sind«. Das heißt, für die Richter war die Taube genauso gefährlich wie die Cessna. »Dass das Flugzeug weitaus größer, schwerer und schneller sei, erhöhe im Vergleich zur Taube nicht sein Gefährdungspotenzial.« Genau das Gegenteil ist der Fall: »Gerade die geringe Größe des Tieres mache ihr Eindringen in die lufteinziehende Turbine wahrscheinlich und könne eine Turbine irreparabel beschädigen. Bei Vorhandensein nur einer Turbine sei ein Absturz des Flugzeugs und der Tod der Insassen möglich.« Glück für den Flugzeugbesitzer, Pech für den Taubenzüchter. Denn »ausreichend sei, wenn das Tier ein Verkehrshindernis gebildet habe«. Eine fliegende Taube sei nicht mehr und nicht weniger als ein Verkehrshindernis. Mit Hinweis auf die Tierhalterhaftung § 833 BGB mussten sich Taubenhalter und Flugzeughalter die Kosten des Ersatzteils in Höhe von rund 10 500 Euro teilen (Az. 13 U 194/03). Ob sie sich darüber hinaus auch die Kosten für die tote Brieftaube teilen mussten, ist nicht bekannt.

Ein echter Albtraum – nicht nur für Angsthasen

Stellen Sie sich vor, Sie werden in eine Kiste gesperrt, verschleppt und am Ende der Tortur wartet Ihr ärgster Feind vor der Kiste und will Sie fressen. Was würden Sie tun? Vor dem Lüneburger Amtsgericht wurde gegen eine 55-Jährige wegen Verstoßes gegen das Tierschutzgesetz verhandelt. Wie Pressedezernent Dr. G. des Gerichts meldete, soll die Frau, um ihren Hund für die Jagd auszubilden, ein Kaninchen in einen Karton und dann den Hund auf die Fährte gesetzt haben. Der Hund nahm Witterung auf, fand das Kaninchen in der Kiste und blieb einige Minuten davor stehen, ohne das Kaninchen anzurühren. Das Karnickel sei laut Dr. G. unverletzt geblieben, habe jedoch Todesängste gehabt. Und wegen dieser Ängste müssen am Amtsgericht nun die Richter ran. Denn der Versuch, die Eröffnung des Strafverfahrens abzulehnen, verlief erfolglos. Der Hund darf sich übrigens, egal wie das Verfahren ausgeht, auf Straffreiheit verlassen.

Betretene Verkehrskritik

Ein Richter am Amtsgericht Köln musste sich mit dem Problem auseinandersetzen, ob eine Bierkutsche ein Fahrzeug im Sinne der Straßenverkehrsordnung (StVO) ist oder nicht. In einem konkreten Fall hatte das Zugpferd eines Gespannes auf ein parkendes Auto eingetreten, dessen Besitzerin daraufhin Schadenersatz forderte. Die Frage war nun, auf welcher gesetzlichen Grundlage der Kutscher den Autofahrer entschädigen muss. So weit, so langweilig. Wären wir nicht bei einem regelrecht jecken Kölner Richter gelandet. Der führte dazu aus: »Ein Pferdefuhrwerk ist, obwohl durch PS

(Pferdestärke) in Bewegung gesetzt, kein Fahrzeug im Sinne der StVO. Auch wenn ein Brauereigaul am Straßenverkehr teilnimmt und nicht zu Hause wohnt, gehört er zu den Haustieren im Sinne des Bürgerlichen Gesetzbuches (BGB).« Und weiter: »Beschädigt ein Brauereigaul durch Huftritt einen geparkten Pkw, hat sich damit die typische Tiergefahr im Sinne des BGB verwirklicht. Der Beweggrund des Tieres ist rechtlich ebenso unbeachtlich wie der Umstand, dass auch Menschen sich gelegentlich so zu verhalten pflegen. Deshalb bedurfte es auch keiner Aufklärung, ob das Pferd gegen das Auto getreten hat, weil es als Angehöriger einer Minderheit im Straßenverkehr eine Aversion gegen Blech entwickelt hat, oder weil es in seiner Einsamkeit sein Herz mit schönem Klang erfreuen wollte. Oder ob es seinen Huf als Warnblinklicht betätigt hat, damit es mit dem liegen gebliebenen Fahrzeug rechtzeitig als stehendes Hindernis erkannt werden konnte. Der vorliegende Fall beweist allerdings, dass die Pferde der Beklagten trotz ihrer äußerlich robusten Statur innerlich nicht einer gewissen Sanftmut im Verkehr entbehren. Sie sind nämlich mit dem Auto der Klägerin einigermaßen zartfüßig umgegangen. Das Ergebnis ihrer Beinarbeit ist jedenfalls nach den Erfahrungen des Gerichts relativ preisgünstig ausgefallen.« Diesem Schaden entsprechend, verurteilte der Jurist den Kutscher schließlich zur Zahlung von 1000 Euro Schadenersatz. Zusätzlich stellte er noch einen kostenlosen Rat in Aussicht: Ob der Beklagte der Klägerin das Geld mit der Bierkutsche selbst vorbeibringt und dabei »ausnahmsweise ein volles Fässchen mitgeführt wird, sozusagen als Schmerzensgeld für die Beulen, bleibt dem freien Ermessen der Beklagten überlassen.« (AG Köln Az. 226 C 356/84)

Nerze fallen tot um

Jon P. ist ein engagierter Filmemacher. Seit über zehn Jahren recherchiert und dokumentiert er Missstände in der industriellen Massentierhaltung. Den Lobbyisten der Agrarindustrie ist er seit Langem ein Dorn im Auge. Immer wieder wird er mit Klagen überschüttet, soll so mundtot gemacht werden. Alles, was er den Menschen zeigen möchte, ist die Wahrheit. So übergab P. seine Aufnahmen aus dem Jahr 2007, die er in einer Nerzfarm bei Hörstel in Nordrhein-Westfalen gemacht hatte, einer Gruppe von Tierschützern – zu deren Entsetzen. Diese wollten zusammen mit Jon P. infolgedessen den Farmbetreiber mit den Aufnahmen konfrontieren und Fragen stellen. Die Situation eskalierte. Jon P. musste die Polizei holen. Er wurde wegen Hausfriedensbruchs angezeigt, doch die Staatsanwaltschaft ließ die Klage fallen. Einige Zeit später wurde P. mit einer ganz anderen »Wahrheit« konfrontiert: Die Betreiber der Pelzfarm warfen ihm vor, dass er einen Sachschaden in Höhe von 22 000 Euro zu verantworten habe. Der Journalist soll 1 200 Tiere im Wert von 44 000 Euro getötet haben. Das Fell im Wert von 22 000 Euro habe noch verkauft werden können. Die Nerzwelpen und 35 Muttertiere aber hätten durch P.s bloße Anwesenheit den stressbedingten Tod erlitten.

Sein Anwalt erwiderte: »Ich sehe keinen kausalen Zusammenhang zwischen der Anwesenheit meines Mandanten auf der Nerzfarm und dem Tod der Tiere. Ich bin gespannt, wie der Pelzfarmer dies dem Gericht glaubhaft machen will.« Am 8. November 2011 hat das Oberlandesgericht Bonn die Klage des Nerzfarmers auf Schadenersatz abgewiesen. Derzeit wird überprüft, ob eine Anzeige gegen die Frau des Farmers wegen Falschaussage und Betrugs vor Gericht Erfolg haben wird. Der zähe Nerzfarmer legte trotzdem Berufung gegen das Urteil ein.

Hund lässt Wasser

Ein veritabler Wasserschaden in drei Wohnungen war von einer Gebäudeversicherung übernommen worden. Diese verlangte jedoch ihrerseits vom Mieter, aus dessen Wohnung das Wasser kam, Kostenersatz. Der Grund: grobe Fahrlässigkeit. Letztere setzt voraus, dass der Schadenseintritt vorhersehbar war. Das Hundsgemeine daran: Der beklagte Mieter wollte seine Wohnung verlassen, seinen armen Hund aber nicht mitnehmen. Warum auch immer – er räumte das Gäste-WC bis auf eine Rolle Toilettenpapier leer und sperrte den Hund dort ein. Dann geschah, was der Mieter laut Gericht nicht ahnen konnte. Der verschmähte Vierbeiner verstopfte mit dem Toilettenpapier das Abflussrohr des Waschbeckens und öffnete dann den Wasserhahn. Das Gericht hielt dem Mieter zugute, dass er daran gedacht hatte, das WC – bis auf das Klopapier – leer zu räumen. Ebenso war der Hund bereits vorher mehrfach eingesperrt worden, »ohne negativ aufzufallen«. Somit lehnte es mit Urteil vom 23. März 2000 (Az. 19 S 1986/99) einen Ersatzanspruch der Versicherung gegen den Mieter ab. Wau.

V. SENIOREN UND KINDER

Rentnerin klagt gegen den Altweibersommer

Zugegeben, es gibt charmantere Wörter als *Altweibersommer*. »Seniorinnensommer« etwa. »Sommer der reiferen Damen« vielleicht. Oder »Omisommer«. Die Berichte des Deutschen Wetterdienstes fand eine 78-jährige Frau jedenfalls skandalös. In den Wetterberichten soll zukünftig der Begriff »Altweibersommer« nicht mehr verwendet werden. Die Seniorin fühlte sich im Hinblick auf ihr Geschlecht diskriminiert, weil »Weib (...) seit alters her« abfällig gebraucht werde. Noch schlimmer sei die Bezeichnung »altes Weib«, weil dadurch »zum Ausdruck gebracht werde, dass die Betreffende keine richtige Frau mehr sei«. Der Begriff »Altweibersommer« verletze sie daher in ihren Persönlichkeitsrechten. Sie verklagte die Bundesrepublik Deutschland. Das Landgericht Darmstadt wies die Klage ab: Die Klägerin sei durch die Bezeichnung *Altweibersommer* in Wetterberichten nicht »beleidigungsfähig«. Zum einen setze eine Beleidigung einen Angriff auf die Ehre dadurch voraus, dass jemand seine Missachtung über eine Person gegenüber dem Betroffenen oder einem Dritten äußere. Derartiges liege bezüglich der Klägerin bei den Meldungen des Deutschen Wetterdienstes unzweifelhaft nicht vor. Zum anderen liege auch keine Herabwürdigung einer bestimmten Gruppe – hier der »alten Frauen« – vor. Eine solche Beleidigung setze voraus, dass der betroffene Personenkreis zahlenmäßig überschaubar ist, damit sich das einzelne Gruppenmitglied angesprochen fühlen muss. Das sei angesichts der unbestimmten Zahl älterer Frauen ebenfalls nicht gegeben. Das Landgericht hatte offenbar Humor: Es verkündete das Urteil (Az. 3 O 535/88) am 2. Februar 1989 – an *Altweiberfastnacht*.

Politiker ist sich zwei- bis dreierlei

Der Politiker Fritz N. ist ein schwarzes Urgestein in der österreichischen Politik- und Parteienlandschaft. Umso mehr verstörte der mächtige Politprofi unlängst seine Parteimitglieder, indem er eine Klage gegen seinen eigenen Beschluss ankündigte. Fritz N. ist (sich) zweierlei: Erstens amtiert er als Zweiter Österreichischer Nationalratspräsident. Zweitens ist er Chef der Beamtengewerkschaft. Als solcher klagt er gegen eine Reform, die er in seinem »ersten« Amt selbst beschlossen hatte. Kurioserweise hadert er, quasi mit sich und seinen Ämtern, unter anderem über das Pensionsalter österreichischer Beamter. Interessant zu wissen wäre, welche Meinung er, immerhin auch schon Jahrgang 1944, noch in seiner Rolle als Privatmann durchsetzen möchte. Eine weitere Klage durch Fritz N. kann also nicht unbedingt ausgeschlossen werden.

Beklagenswerter Vorhautverlust

Ein 14-jähriger Nürnberger beschaffte sich mit ein paar Kumpels, alle unter 16, eine größere Menge Bier in einem Laden und betrank sich. Es dauerte nicht lange, da musste der junge Mann dringend pinkeln. Während seines Geschäfts fühlte er sich von einem nahenden Auto peinlich gestört, sodass er in Windeseile versuchte, sein Geschlecht in seiner Hose zu verstauen – wobei er sich seine Vorhaut amtlich im Reißverschluss einklemmte. Dies hat extrem schmerzhafte Folgen, wie wir aus einer recht anschaulichen Szene des Klamaukfilms *Verrückt nach Mary* wissen. Doch zurück zu unserem Teenager: Die scharfen Haken des Reißverschlusses sorgten für erhebliche Verletzungen an dessen Glied. Seine Vorhaut musste im Krankenhaus operativ entfernt werden. Häme sei an dieser Stelle unangebracht. Denn anders als im Spielfilm durchlitt der Junge schließlich den Albtraum eines jeden Mannes am eigenen Leib. Von diesem unerwarteten Verlust gebeutelt, verlangte der junge Mann, vertreten durch seine Eltern, eine finanzielle Entschädigung für seine lebenslängliche Vorhautlosigkeit, die sein zukünftiges Sexualleben nachteilig beeinflussen würde. Er stellte folgende Forderung auf: 5000 Euro Schmerzensgeld, Schadenersatz von 150 Euro für die Hose sowie die Fahrtkosten der Eltern ins Krankenhaus plus die Bettlektüre, die sie ihm mitbrachten. Ach so, wen verklagte er eigentlich? War vielleicht der Autofahrer schuld, der den Jungen zum überhasteten Einpacken nötigte? Oder der Reißverschlussfabrikant, der unbotmäßig reißzähnige Verschlüsse fertigt? Oder waren es eventuell die Freunde des Teenagers wegen Anstiftung zum gemeinschaftlichen Alkoholkonsum? Nein. Die waren es nicht. Schuld an der Verstümmelung war, nach Auffassung des Geschädigten, einzig und allein der Ladeninhaber, der ihm den Alkohol verbotenerweise verkauft hatte. Der Fall ging durch mehrere Instanzen. Der Kläger konnte die Richter nicht überzeugen[2], dass allein seine Trunkenheit schuld an seinem ungeschickten Hantieren gewesen sein soll. Zweck des Gesetzes zum Schutze der Jugend in der Öffentlichkeit sei es nicht nur, die Jugend vor alkoholbedingten körperlichen Schäden,[3] sondern auch vor geistiger und sittlicher Verwahrlosung zu schützen.

---

2   Übrigens verzichtete das Gericht auf eine Sichtung der Beweismittel und verwies auf die Aktenlage.
3   Wachstumsstörungen, Schädigungen der inneren Organe etc. Nicht gemeint sind Nasenbrüche infolge von Prügeleien im betrunkenen Zustand.

VI. NORDAMERIKANER

Baut für mich um, sonst setzt es was

Nanuet/New York – Marty K. behauptet, die Sitzecken im White Castle Restaurant seien für Viertelpfünder gebaut. Nicht für Whopper. Der über 180 Zentimeter große und mehr als 130 Kilogramm schwere Mann aus Airmont/New York verklagte die Fast-Food-Kette: Seine gesetzlich abgesicherten Bürgerrechte würden von den beengten Sitzen des Unternehmens ausgehebelt. K., 64 Jahre alt und Aktienhändler, bezichtigte White Castle darüber hinaus, dass deren Geschäftsführung ihr Wort nicht halte. Wollten sie doch die Sitzgelegenheiten, also den Abstand zwischen Bank und Tisch, erweitern, damit auch kräftigere Kunden in die Lücke passen. Marty K. machte im April 2009 die Erfahrung, dass er in das Restaurant irgendwie »nicht reinpasste«. Das Gefühl, nicht zwischen Bank und Tisch zu kommen, sei »extrem beschämend« gewesen. Vor allem »musste er diese Erfahrung in einem Restaurant voller Gäste machen«. Der Sprecher von White Castle, James R., hingegen zählte die alternativen Möglichkeiten auf, die K. gehabt hätte. Zum Beispiel beim Personal nach einem Stuhl für ihn zu fragen oder sich sein Essen mit nach Hause zu nehmen oder gleich den Drive-in Schalter des Restaurants zu nutzen und im Auto zu essen. »Wir versuchen wirklich für alle Fälle vorbereitet zu sein. Wir sind von der Klage sehr überrascht«, so James R. K. will nun eine Entschädigung plus eine Erstattung seiner Anwalts- und Gerichtskosten. Das White Castle Management Co. hat in 90-jähriger

Firmentradition noch nie eine derartige Erfahrung mit einem Kunden wie K. gemacht, sei aber zu Gesprächen mit K. und seinen Anwälten bereit. Sprecher James R. erklärte, dass das White Castle seine Einrichtung neu gestalten würde. Wobei die Kunden ein wenig Verständnis dafür aufbringen müssten, dass dies bei 420 Niederlassungen, die über die gesamten USA verteilt sind, nicht in jedem Fall sofort geschehen könne. »Alle auf einmal können wir nicht schaffen.« Das war im Jahr 2009. Im Herbst 2011 überprüfte K. noch mal selbst, ob sich bereits etwas verändert hatte. Man muss erwähnen, dass er zwar seit dem Sitz-Vorfall keinen Fuß mehr in das Restaurant setzte, seine Frau ihn allerdings weiterhin mit seinem Lieblingsmenü Nr. 2 (zwei Cheeseburger mit kleineren Brötchen, dafür mehr Käse plus mittelgroße Pommes und ein Softdrink) versorgte. K.s erneute Klage führt nun aus, das White Castle zusätzlich gegen das Versprechen, die Restaurants auf seine und anderer Kunden Bedürfnisse hin einzurichten, gebrochen habe. Wie und ob der Fall vor einem Gericht entschieden wird, bleibt abzuwarten.

Selbst war der Mann

Jay K., 46 Jahre alt, würde man nicht gerade als einen Deppen bezeichnen. Der Mann war erfolgreicher Anwalt für Immobilienrecht in Irvine/Kalifornien und »prominenter Prozessanwalt«, wie ihn wiederum der Anwalt seiner Familie, Walter. A., beschrieb. K. lebte in Orange County in einem schicken Haus samt unerlässlichem Swimmingpool. Für die Sauberkeit von Haus, Grund und Pool hatte er selbstverständlich Personal. Eines Tages fischte er trotzdem mit einem langen Kescher selbst Laub aus seinem Pool. Dabei fiel ihm auf, dass ein Palmwedel in der Stromleitung hing. Da er gerade beim Saubermachen war, wollte er den Wedel gleich mitentsorgen. Er dachte nicht lange darüber nach und erledigte das mit der Metallstange, die er sowieso in Händen hielt. Diese idiotische Aktion kostete ihn das Leben. »Einsicht ist eine wunderbare Sache«, sagte sein Anwalt A. völlig frei von jeder Ironie. Sein Mandant sei »einfach ein guter Bürger gewesen, den ein Palmwedel störte«. Als wäre irgendjemand anders an dem Unfall schuld als sein Mandant selbst. Permanente aggressive PR-Kampagnen des Stromversorgers South California Edison (SCE) warnen die Leute, um Gottes willen nicht zu versuchen, in den Freileitungen verfangene Gegenstände selbst herauszuholen, sondern dafür stets den technischen Service anzurufen. »Es ist wirklich tragisch, was Mr K. passiert ist«, bedauerte der Sprecher von SCE, Tim B., fügte dem aber hinzu, dass seine Firma wirklich einen hohen Aufwand dafür betrieben hätte, die Leute von den Leitungen fernzuhalten. »Es erstaunt uns schon ein wenig, eventuell mit einer Klage konfrontiert zu werden.« Uns auch, und deswegen steht diese Geschichte ja auch im Buch. Jay K.s Witwe Tamara reichte gegen South California Edison beim Gerichtshof in Orange County Klage ein. Mit auf der Liste der Beklagten findet sich auch Leo's Swimmingpool Supplies, der Poolreinigungsausrüster. Denn dieser hatte an dem Kescher keinen Warnhinweis angebracht, der die Leute darauf hinweist, dass es eine Schnapsidee ist, damit Gegenstände aus Freileitungen zu angeln. »Da sind eine ganze Menge an wichtigen Informationen an Hausbesitzer, wie K., nicht weitergegeben worden«, wusste A. – vermutlich in der Hoffnung zu überzeugen, die Elektrogesellschaft würde versuchen, allgemein bekannte Sicherheitsregeln geheim zu halten. SCE hatte wirklich viel Öffentlichkeitsarbeit geleistet. Man sollte annehmen, die allermeisten in der Zivilisation aufgewachsenen und lebenden Menschen wüssten, dass Stromleitungen tabu sind. Vor allem wenn es sich um Erwachsene mit einem derart hohen Bildungsniveau handelt. Im Juni 2003 verurteilte die California Public Utilities Commission SCE zur Zahlung von 576 000 US-Dollar wegen schlampiger Pflege ihrer Leitungen. 25 Unfälle, inklusive Todesfälle, Verletzungen und Sachschäden gingen auf das Konto des Stromversorgers, da deren Leitungen in Reichweite, zum Beispiel von Poolreinigungsstangen, und nicht ausreichend isoliert seien. Wie der Fall für Leo's Swimmingpool Supplies ausgegangen ist, ist leider nicht bekannt.

Erst mal alle Anwälte verklagen

Wenn Anwälte Anwälte verklagen, klingt das wie der Einstieg in einen Witz. Nur konnten einige der Anwälte über diese Klage gar nicht lachen. Die größte, mächtigste und einflussreichste Amerikanische Organisation von Prozessanwälten änderte im Jahr 2006 ihren Namen von *American Trial Lawyers* (ATL) in ihren neuen Namen, *American Association for Justice* (AAJ) um. Als AAJ verklagte die Organisation nun eine neu gegründete Anwaltsorganisation, die sich einen Teil des aufgegeben Kürzels bemächtigte, ein »The« vorschaltete und nun als *The American Trial Lawyers Association* (TheATLA) firmiert. In einem Mailing, das der Mitgliedergewinnung dienen sollte, protzte TheATLA damit, sie sei eine Eliteorganisation, deren Anwaltsmitglieder all dies hätten: »beispielhaft überragende Qualifikationen und Prozessausgänge, Führungsfunktion, Einfluss, Reputation, Status und ein ausgeprägtes Profil in der Gemeinschaft der Prozessanwälte«. Neuesten Nachrichten zufolge hat AJJ Klage in Minneapolis gegen TheATLA eingereicht, um die Organisation zu zwingen, den Namen wieder aufzugeben. Der Name verwirre die Mitglieder der AAJ und sei eine Markenrechtsverletzung. Über die Namensänderung hinaus sollte TheATLA natürlich Schadenersatz zahlen und sämtliche Gewinne an AAJ abführen – das heißt sowohl die Mitgliedschaftsbeiträge als auch sämtliche Einkünfte der Anwälte. J. Paul G., Hauptgründer von TheATLA, behauptet nun, die AAJ hätte den Namen ATL aufgegeben, weil der neue Name politisch korrekter sei – und protzt: »Unsere Vereinigung wird auch weiterhin bestehen, funktionieren und überleben. Ganz egal, welchen Namen wir uns geben.« Am 18. März 2010 gab ein Richter des Minnesota District Court AAJ recht. Aber damit ist die Sache natürlich noch nicht ausgestanden – TheATLA geht selbstverständlich in die nächste Instanz. Das Verfahren ist noch schwebend.

Fax und Faxen

Naugatuck/Connecticut hat ein Bürgermeisteramt und darin steht ein Faxgerät. Die Sekretärin Janett A. griff auf das Gerät zurück und bekam eine mündliche Abmahnung von ihrem Vorgesetzten, weil sie das Amts-Fax für private Zwecke nutzte. Janett akzeptierte den Rüffel nicht und klagte stattdessen gegen die Stadt wegen Verletzung ihres Rechtes zu freier Meinungsäußerung. Es kam zur Gerichtsverhandlung. Die Richter gaben Janett recht: Der Anpfiff ist viel zu harsch ausgefallen. Ihr wurde ein Recht auf Schadenersatz anerkannt – über eine Gesamtsumme von genau 1 Cent. Janett fand das zu wenig und forderte einen hundertfach höheren Betrag – 1 Dollar. Das Gericht lehnte ab. Diese Verhandlung zog sich über drei Jahre hin und kostete Janett A. rund 5000 US-Dollar an Anwaltskosten. Die Gerichtskosten gingen zulasten der Staatskasse.

Großzügige Trooper

Als der 35-jährige Shaun B. aus Colorado zur Arbeit fuhr, sah er, wie die Trooper ein Auto überholten. Im Vorbeifahren zeigte Shaun den Trooper »den Finger«. Später hielten ihn genau diese Beamten an – und Shaun B. kassierte eine

Vorladung vor Gericht wegen Beleidigung der Trooper, was eine Haftstrafe von bis zu einem halben Jahr nach sich ziehen kann. Die ACLU (American Civil Liberties Union) verteidigte B. mit der Begründung, dass diese Geste zwar ungezogen, aber von dem Recht auf freie Meinungsäußerung gedeckt sei. In einem nachfolgenden Statement teilte die State Patrol mit, dass sie selbst beantragt hätten, die Klage zurückzuziehen.

Wir sind freigesprochen!

Nach einer Gerichtsverhandlung im US-Bundesstaat Texas wurde eine Klage gegen Papst Benedikt XVI. Gott sei Dank abgewiesen. Ein US-Richter in Texas hat eine zivile Klage gegen Papst Benedikt XVI. für unrechtmäßig erklärt. Die Kläger wollten den Papst einer angeblichen »Verheimlichung sexueller Missbräuche von Minderjährigen durch einen Seminaristen« beschuldigen. Der Richter kam zur Erkenntnis, dass der Papst als Staatsoberhaupt Immunität genießt. Er zitierte dabei eine Stellungnahme des US-Justizministeriums. Darin wird erklärt, dass die Zulassung der Klage »mit den außenpolitischen Interessen der Vereinigten Staaten unvereinbar« wäre. Laut den Klägern soll der damalige Kardinal Ratzinger mit einem unspezifischen Brief an die Bischöfe der Welt beigetragen haben, den Missbrauch von drei Knaben in der Erzdiözese Galveston-Houston zu verheimlichen. In der Klage geht es um Schadenersatz. Die Missbräuche fanden Mitte der 90er-Jahre statt. Die Erzdiözese Galveston-Houston befindet sich auf dem Gebiet des Bundesstaates Texas im Südosten der USA. Als Beweis erbrachten die Kläger dem Gericht einen öffentlich zugänglichen Brief, in dem Kardinal Ratzinger im Mai 2001 Anweisungen für den Umgang mit kirchlichen Missbrauchsfällen gibt und kircheninterne disziplinarische Untersuchungen gegen Fehlbare dem päpstlichen Geheimnis unterwirft. Ein Rechtsanwalt des Heiligen Stuhles, Jeffrey Lena, erklärte, dass das Urteil insofern von Bedeutung sei, als der Papst als Staatsoberhaupt betrachtet werde und seine Immunität keine Einschränkungen erleide, weil er auch ein Religionsvertreter ist.

Gil allein im Flieger

Gil McG. ist während eines Fluges von Washington nach Philadelphia eingeschlafen. Die Crew der Trans States Airlines hat Gil nach der Landung einfach im Flugzeug vergessen und sie über drei Stunden darin eingeschlossen. Laut ihrem Anwalt George F. verklagt McG. nun die Trans States Airlines wegen fahrlässiger Freiheitsberaubung und Zufügung von emotionalem Leid.»In einem leeren Flugzeug aufzuwachen und nicht rauszukommen, das war entsetzlich!«, sagte sie. Etwa eine Viertelstunde lang sei sie den Gang auf und ab gelaufen und habe um Hilfe geschrien. Schließlich wurde die Tür geöffnet – es war die Polizei, die sich erst einmal McG.s Ausweis zeigen ließ. Die Trans States Airlines teilte mit, der Vorfall werde untersucht. Das Verfahren ist noch schwebend.

Gucken statt googeln

Am 19. Januar 2009 machte Florence R. einen Spaziergang in Park City /Utah. Sie hatte ein konkretes Ziel und gab dieses bei Google Maps in ihren BlackBerry ein, um sich die Route zu ihrem Ziel und wieder zurück zu ihrem Hotel anzeigen zu lassen. Dafür wählte sie auch die Option »Fußweg«, die sich jedoch noch in der Beta-Version befand – der entsprechende Warnhinweis wurde in der BlackBerry-Version jedoch möglicherweise nicht angezeigt. Google Maps berechnete in der Fußgänger-Option die Routen und schickte Ms R über eine Straße mit dem eher beschaulich klingenden Namen Deer Valley Drive (»Hirschtalstraße«), bei der es sich jedoch tatsächlich um einen Abschnitt der Utah State Route 224 – also eine vierspurige Überlandstraße – handelt. Mr L. fuhr mit seinem Wagen die besagte State Route 224 entlang, als ihm plötzlich Ms R. mit ihrem BlackBerry vor das Auto lief. Florence R. hatte Glück im Unglück und überlebte den Unfall. Sie tat daraufhin, was man in den USA eben tut – sie stritt jegliches Eigenverschulden ab und verklagte Mr L und Google auf 100 000 US-Dollar Schadenersatz und Schmerzensgeld. In der Klageschrift befand R.s Anwalt: »Google lieferte der Klägerin über den Service Google Maps eine Marschroute, die sie auf den Deer Valley Drive führte. Diese State Route 224 ist eine Überlandstraße ohne Gehwege, auf der Fahrzeuge mit hoher Geschwindigkeit fahren und die für Fußgänger nicht ohne Gefährdung zu empfehlen ist. Google muss damit rechnen, dass Benutzer der Fußgängerkarten auch auf deren Genauigkeit vertrauen.« Die Route, die Florence R. zurückgelegt hatte, wird auf Google Maps mittlerweile anders berechnet. R.s Klage gegen Google und den Autofahrer wurde von einem Gericht in Utah abgewiesen, da Nutzer des Services nicht von ihrer eigenen Sorgfaltspflicht zu entbinden sind.

Mein lieber Gott!

Ewald C., Parlamentsabgeordneter im US-Staat Nebraska, hatte im Jahr 2006 eine offizielle Klage gegen Gott eingereicht. C. macht geltend, dass Gott für terroristische Drohungen verantwortlich sei, Angst und Schrecken verbreite und »unter Abermillionen von Erdbewohnern Tod, Zerstörung und Terror« verursacht habe. Eingereicht wurde die Klage im Bezirk Douglas. C. hält das dortige Gericht für zuständig, da Gott überall sei. Der Senator will mit seinem Vorstoß nach eigenen Angaben die abstrusen Seiten des amerikanischen Rechtswesens deutlich machen, in dem jeder jeden verklagen könne. Die Senatoren reichen regelmäßig Gesetze ein, um dem vielfältigen Rechtsmissbrauch vor amerikanischen Gerichten ein Ende zu setzen, doch bis jetzt sei nichts passiert. Gott hat er sich deshalb ausgesucht, weil er ohnehin religionskritisch eingestellt ist und während der Parlamentssitzungen regelmäßig die morgendliche Gebetsrunde schwänzt. Gott habe Wirbelstürme, Überschwemmungen und Tornados verursacht, erklärte C. Dies wolle er jetzt wenigstens mit einer einstweiligen Verfügung stoppen. Der zuständige Richter lehnte den Antrag mit einer recht einfachen wie plausiblen Begründung ab: Wer keine Adresse hat, dem kann man auch keine Strafanzeige zuschicken. Tausende von Obdachlosen werden sich eventuell freuen.

Gefangen im Container

Wilma H. aus Mobile/Alabama verlor ihr Haus durch eine Zwangsversteigerung. Laut Wilmas Anwältin, Mary M., wurde sie mit samt ihrem Hab und Gut quasi auf die Straße gesetzt. Wilma mietete unweit ihres Hauses in einer großen Lagerhalle einen Container für ihre gesamten Habseligkeiten an. Einen Monat nach dem Rausschmiss zahlte die 42-Jährige eine weitere Monatsmiete für ihren Lagerplatz in bar und begab sich dort – zu fortgeschrittener Stunde – hinein. Als er seine routinemäßigen Runden drehte, bemerkte der zuständige Lagerist, dass Mrs H.s Container unabgesperrt war und sogar leicht offen stand. Pflichtbewusst sperrte er die Türe ab und Mrs H. somit unbemerkt ein. Lautes Schreien, Hämmern, Klopfen und Schlagen gegen die Türe sowie Hilferufe – das wären die wohl allgemeingängigen und natürlichen Reaktionen, um bei so einem Einschluss auf sich aufmerksam zu machen. Nicht so bei Mrs H. Sie verhielt sich absolut ruhig und ließ niemanden wissen, dass sie »in die

Falle« gegangen war. Derweil griff sie zu Konservendosen und Saft, die sie gebunkert hatte. Ein anderer Lager-Mieter, der täglich zu seinem nur zwei Plätze entfernten Container kam, hörte nichts, nie, an keinem Tag, keinen Laut. Behauptet zumindest der Rechtsbeistand des Store-Betreibers: »Niemand wusste, dass sie da drin war.« Und das war sie für eine lange, wirklich lange Zeit. Nämlich genau 63 Tage lang. 63 Tage dauerte es, bis jemand auf Wilma H.s Anwesenheit aufmerksam wurde. Das aber nicht etwa, weil sie endlich schrie oder Lärm machte, sondern durch Geräusche, die aus ihrem Container kamen. Die Türe wurde daraufhin vom Lagerbetreiber geöffnet. Eine vormals recht mollige Frau kam in desaströsem Zustand zum Vorschein: Wilma H. war auf gut 40 Kilogramm abgemagert. Ihre Fingernägel waren zig Zentimeter lang – und der Geruch, der aus dem Container drang, war für die Rettungskräfte nur mit Gasmasken auszuhalten. H. war so desorientiert, dass sie nicht einmal wusste, dass sie Weihnachten verpasst hatte. Sie war, alles in allem, in einem extrem beklagenswerten Zustand. Sie und ihr Anwalt verklagten den Lagerbetreiber auf 10 Millionen US-Dollar Schadenersatz. Vor Gericht wusste sie auch nicht so recht, wie sie in diese missliche Lage hatte kommen können. Sie habe weder geschlafen noch irgendwie bemerkt, dass sie eingesperrt wurde. Sie hätte sogar einen Mordsradau veranstaltet, als sie sich ihrer Situation gewahr wurde. Und das jedes Mal, wenn sie bemerkt hätte, dass jemand in der Nähe sei. Die anderen hätten sie alle absichtlich ignoriert. Von der Absicht, in dem Container zu leben, könne also keine Rede sein. Sie lebte ja schließlich bei ihrer Schwester, und diese hätte sie an besagtem Abend auch zurückerwartet. Die gleiche Schwester, die während ihrer zweimonatigen Abwesenheit keine Vermisstenmeldung aufgab. Just eine Woche bevor Wilma H. eingesperrt wurde, erklärten psychologische

Gutachter sie als Gefahr für sich und ihre Mitmenschen. Sie beschrieben Wilma als unfähig, ein selbstbestimmtes Leben zu führen, und stuften sie als suizidgefährdet ein.

Justitia ist blind. Aber nicht farbenblind.

Die Firma Palm versprach ihren Kunden 2002 in einer Anzeige, dass das Handheld m130 über 65 000 verschiedene Farbkombinationen unterstützt. Tatsächlich sind es aber nur 58 621 verschiedene Farbtöne. Na ja, könnte man sagen. Eine Firmensprecherin räumte diesen Lapsus ein und versprach eine befriedigende Lösung für die User des m130. Leider hatte Palm Inc. zu diesem Zeitpunkt schon eine Sammelklage am Hals. Fehlende 6 380 Farben sind eben kein Pappenstiel. Die Klage lautete auf »Wettbewerbsverstoß sowie betrügerische, unfaire und täuschende Werbung«. Es ging um keinen geringen Streitwert. Denn immerhin mussten jene Anwälte, welche die Klage anzettelten, 58 621 verschiedene Farbtöne abzählen.

Am 22. August 2005 verurteilte der Superior Court of the State of California die Palm.Inc dazu, sämtliche Geräte auf Wunsch der Kunden zu ersetzen und die Anwaltskosten (in uns leider unbekannter Höhe) zu ersetzen. In der Revision vom 18. November 2005 wurde dieses Urteil wieder aufgehoben. Die Parteien mussten ihre Anwaltskosten selbst übernehmen. Die Geräte wurde auf Kundenwunsch trotzdem eingetauscht und es gab noch einen Gratisdownload des Computerspieles »SimCity« dazu.

Löwe tot. Jäger tot.

Silo Rodner war Großwildjäger. Ein echter Profi, seit 30 Jahren. Er gehörte zu einer Berufsgruppe, die sich ein Großteil der Menschheit wohl statt als Jäger lieber als Gejagte wünscht. Diesem Wunsch kam ein Löwe nach, der Rodner während einer Großwildjagd angriff. Der Jäger bemerkte die Gefahr, schoss und traf. Der Löwe brach aber nicht tot zusammen, sondern setzte seine Attacke verletzt fort und verstarb erst, als er bereits auf den Gliedmaßen seines schwer verletzten »Mörders« herumkaute. Rodner überlebte und schaltete einen Anwalt ein. Warum? Gegen wen? Den Löwen? Er klagte, weil er mit einem Projektil schoss, das Dickhäuter sofort dahinrafft, aber die vergleichsweise dünne Haut einer Raubkatze schnell durchdringt und somit keine umgehend tödlichen Verletzungen verursacht. Ziel der rechtlichen Attacke Rodners war der Projektilhersteller. Er hätte den professionellen Großwildjäger schließlich warnen müssen, dass man sein Gewehr mit der richtigen Munition laden muss, damit man im Falle eines Angriffs auch gegen Löwen statt gegen Nashörner oder Nilpferde gewappnet ist. Der oberste Richter John R. Birnfeld wies die Klage als reine Spekulation auf eine Entschädigung ab. Rodner erlag im Jahre 2008 einer Attacke, die sein Herz in einem Hotelzimmer in Reno auf ihn ausübte.

Eine blitzgescheite Klage

Es ist nicht besonders schön, wenn ausgerechnet dann, wenn man seine Familie in einen Freizeitpark ausführt, ein schweres Gewitter droht. Greg P. packte deswegen Frau und Kinder zusammen und verließ den Paramount's Kings Island Amusement Park in Laurel/Ohio vorsorglich. Just in dem Moment, als Greg sein Auto aufsperren wollte, flog dieses, vom Blitz getroffen, hoch in die Luft. Pech. Nein, kein Pech, sondern: Fahrlässigkeit. Dies wäre nicht passiert, wenn die Verantwortlichen des Parks ihre Gäste gewarnt hätten, dass man bei einem schweren Gewitter keine »großen, metallischen Gegenstände« anfassen sollte. Eine lustige Umschreibung für ein Auto, die sich Dick E., der gewiefte Anwalt der Familie, einfallen ließ. Greg P. ist bis heute ängstlich, wenn er sich unter freiem Himmel aufhalten muss. Er erlitt einen sehr starken Stromschlag, sein Hirn nahm Schaden, ein schwerer Gedächtnisverlust war die Folge. Grund genug, um einen Schuldigen zu suchen, der wenigstens für finanziellen Ausgleich aufkommen könnte. Am besten in Millionenhöhe. Am besten jemand, der viel Geld hat: der Kings Island Amusement Park. Der Versuch scheiterte mitsamt richterlichem Donnerwetter: Die Klage wurde wegen des Versuchs des Rechtsmissbrauchs abgewiesen.

Terroristenwitzelei

Robert H. betreibt einen kleinen Gemischtwarenladen im 1000-Seelendorf Etna/Maine, USA. Seinem alten Freund Paul P. wollte er einen kleinen Streich spielen, indem er von diesem ein »Wanted«-Poster anfertigte und an seiner Kasse gut sichtbar aufhängte. Nicht ohne sich einen kleinen lustigen Text zu verkneifen: »Abdul P. – gesuchter Anführer der terroristischen Vereinigung *Extreme Activist Terrosism Milita of Etna* (EATME).« Er rechnete mit Kichern und Lachen seitens seines alten Freundes und Stammkunden. Aber es kam ganz anders. Brad »Abdul« P. riss erbost das Poster ab und marschierte stracks zum nächsten Anwalt im Dorf, Buck B. Dieser nahm den Fall einwandfrei an und begründete seine Klageschrift im Wortlaut mit »Paul P. wurde gedemütigt. In diesen Zeiten haftet jedem, von dem behauptet wird, er sei Terrorist oder Mitglied einer terroristischen Vereinigung, ein dauerhafter Schaden seiner guten Reputation an«. Deswegen strebt er nun eine »vernünftige« Schadenersatzklage zwischen den beiden Freunden an. Der Richter verurteilte den Witzbold zur Zahlung von 7000 US-Dollar Schadenersatz.

Echt verrückt

Es gibt Probleme, die sich mit rein irdischen Mitteln nicht lösen lassen. Die Food-Kolumnistin der *Naples Daily News*, Doreen R., litt unter Schwierigkeiten. Sie suchte ihr Heil bei der Ratgeberin für Spirituelles desselben Blattes, Augusta P. In den etwa sieben Jahren der intensivsten spirituellen Versorgung bezahlte Doreen an Augusta zwischen 2 und 3 Millionen US-Dollar. Die Behandlungssitzungen setzten sich vorwiegend aus Gesprächen, Meditationen und Zeichnen zusammen. Sieben Tage die Woche, fünf Stunden am Tag. Die spirituelle Therapeutin verlangte anfangs 190 und erhöhte später auf 380 US-Dollar Stundenhonorar. Allein im Jahr 2002 legte Doreen eine halbe Million hin. Für die Fortführung der Behandlung im Jahr 2003 verlangte Augusta dann Vorauskasse: 150 000 US-Dollar cash. Sofort. Da Doreen nicht so viel Geld zu Hause hatte, räumte Augusta ihr ein, stattdessen auch einen Scheck über 95 000 US-Dollar zu akzeptieren – wenn er denn als »Geschenk« ausgestellt sei und die Summe somit einkommensteuerfrei wäre. Doreen stellte den Scheck wie verlangt aus. Wenngleich sie sich auch erpresst und unter Druck gesetzt fühlte, da Augusta damit drohte, die Zusammenarbeit aufzugeben. Von Depressionen und Angstzuständen sowie einer unglücklichen Ehe gebeutelt, gab Doreen zu, von der Therapeutin abhängig zu sein. Einen Monat nachdem Augusta den Scheck erhielt und eingelöst hatte, ließ sie die Sitzungen mit Doreen platzen. Ohne einen Grund anzugeben oder sich anderweitig zu erklären. Doreen suchte nun ihr Heil bei einem Rechtsanwalt, verlangte 1 Million US-Dollar Schadenersatz und bezichtigte sie der unrechtmäßigen Bereicherung, des vorsätzlichen Betruges und des Diebstahls. Die Klageschrift führt aus, dass die Beklagte Geld für Leistungen erhielt, die sie nie erbrachte, und sie sich vorsätzlich und in irreführender Weise als Botin Gottes ausgab und als solche die Botschaft weitergab, dass R. »sie bezahlen muss«. Doreen R.: »Ich habe mein ganzes Leben lang versucht, Probleme auf spirituelle Art zu lösen. Ich habe ihr geglaubt. Das alles fällt mir nicht leicht. Denn es geht mir nicht ums Geld. Es geht mir darum, dass Leute, die mir Schaden zufügen, dafür geradestehen müssen.« – »Davon ist rein gar nichts wahr«, so die Beklagte in ihrer Gegendarstellung. Sie habe keinerlei Bezahlung erhalten, außer eben die 95 000 US-Dollar – und die »waren tatsächlich ein Geschenk«.

Hosenlose Frechheit

Es geschah eines ganz normalen Tages in Santa Fe/New Mexico: Ein Mann in weißen Radlerhosen betrat einen Supermarkt. Gut, die Hosen waren nicht das, was man blickdicht nennt – und darunter trug er nichts. Eine Unterhose war leider nicht in Sicht. Damit trat der Geschmacksterrorist in Radlerhosen eine Reihe von Klagen los: Die weibliche Belegschaft des Marktes rief den Manager, damit dieser den Hosenmann aus dem Markt werfen möchte. Der Manager unternahm aber nichts.Kurz nach dem Vorfall warf er stattdessen die Angestellte Magda B. raus, weil diese mit den Discount-Karten der Angestellten herumtrickste. Fast zeitgleich trat Candy M. auf den Plan, die sich darüber beschwerte, sich durch den Mann in Radlerhosen sexuell belästigt zu fühlen und ihr seitens des Managements nicht geholfen würde. Eine dritte Angestellte, Verona A. fand, dass ihr nicht in ausreichendem Maße Pausen eingeräumt würden, die sie dringend bräuchte, um ihren Diabetes zu lindern. Die vierte Frau im Bunde sagte, sie sei schwanger und das Management »dränge« sie aus der Arbeit. All diese Beschwerden folgten unmittelbar nach der seltsamen Erscheinung in zu dünnen Hosen, der das Management nicht gebührend entgegentrat. Die Dame mit den Discount-Karten war überzeugt, dass ihr aufgrund ihrer Beschwerde und nicht wegen ihrer Unregelmäßigkeiten gekündigt wurde. Die Frauen schlossen einen Verbund und verklagten den Store auf mehrere Hunderttausend US-Dollar. Frau B. ging sogar so weit und beklagte »posttraumatische Störungen«, die sie durch die unterlassene Hilfeleistung des Managers gegen die Radlerhose erlitt. Eine um die andere Frau zog mit ihrem Anliegen vor Gericht, eine um die andere Klage wurde abgewiesen. Die Jury fand die Kündigung B.s gerechtfertigt. Candy M. hätte sich zumindest vorher beim Management wegen sexueller Belästigung beschweren müssen, statt gleich vor Gericht zu ziehen. Sie erkannte auch, dass der Diabetikerin durchaus sämtlich notwendigen Pausen eingeräumt würden, und schmetterte die Vorwürfe der Schwangeren als ungerechtfertigt ab. Es sei auch nicht üblich, bei einer »schlimmen Hose« vor Gericht zu gehen, sondern, wenn überhaupt, die Polizei anzurufen – und dies hätte durchaus jede der Damen selbstständig, ganz ohne Hilfe des Managers erledigen können.

Fans gehen vor Fan

Es gibt Fans und Fans. Ruhige, laute, lustige, schlaue, besonders schlaue und es gibt Alex E. Er ist ein wirklich, wirklich großer Fan des Baseballteams Seattle Mariners. Direkt hinter dem Schlagmal seiner Mannschaft hat er seinen Stammplatz. Immer. Denn er ist Mitglied im exklusiven Diamond Club, bei dem ein Saisonticket – und davon hatte er zwei – über 30 000 US-Dollar kostet. »Er ist laut«, sagt der Anwalt des Baseballvereins, »das ist der Punkt.« Er ist nicht nur sehr laut sondern auch sehr ausdauernd im Lautsein. Er schreit kleiner gewachsene Spieler an: »Steh halt endlich auf!«, oder ahmt in unglaublicher Lautstärke Baby-Gebrüll nach, wenn sich ein Spieler beim Referee beschwert. Nachdem Alex in der fünften Reihe sitzt, hören das die Spieler natürlich auch – von den anderen Fans mal ganz abgesehen. Also rief ihn kein Geringerer als der amtierende Vizepräsident der Mariners, Rob A., höchstpersönlich an, um mit ihm über das Lautstärkeproblem zu sprechen. »Der Verein hat ein Recht darauf, die Mitglieder des Diamond Clubs vor der andauernden und lauten Brüllerei zu schützen. Die Fans kommen ja wohl kaum, um sich das Geschrei von E. anzuhören, sondern um das Spiel zu sehen. Leider liebte Alex E. seine eigene Schreierei. Er bestand auf das Schreien bei einem Baseball-Game. Stinksauer darüber, dass er leise sein sollte, ging er zu seinem Anwalt und verklagte den Verein wegen Verstoßes gegen sein Recht auf freie Meinungsäußerung. Der Verein würde darüber hinaus womöglich noch vertragsbrüchig gegenüber dem Nutzungsrecht seiner Saisonkarten, die er ja schließlich gekauft habe. Mit seiner Klage wollte Alex eine Art Garantie erzwingen, dass er nicht aus dem Stadion entfernt werden könne, dass seine Tickets auch in Zukunft ihre Gültigkeit behielten und selbstverständlich verlangte er einen ordentlichen Betrag Schmerzensgeld vom Verein. »Er will eigentlich nur eine Entschuldigung der Mariners«, so E.s Anwalt, »und in Ruhe gelassen werden.« Lustig. Denn damit sind seine Wünsche und die des Vereins genau deckungsgleich. Am 16. Mai 2003 wurde die Klage vom King County Superior Court abgewiesen.

Metall im Gesicht

Von oben nach unten: eines in der Augenbraue, in jedem Ohr vier, in der Nase dann keines, aber dafür eines in der Lippe. Kelly M. stand sehr auf Piercings. Auch dann noch, als ihr Arbeitgeber, die Großhandelskette Coco in West Springfield/ Massachusetts einen neuen Dresscode für seine Angestellten vorschrieb. Unter anderem verbat sich die Firmenleitung sichtbare Tattoos, Piercings im Gesicht oder Schmuck, der in der Zunge steckt. Vier Jahre arbeitete Kelly schon für die Firma, seit zwei Jahren trug sie Piercings – die ihr nun zum Problem werden sollten. Ihre Chefs schlugen ihr vor, den Gesichtsschmuck während der Arbeit einfach zu überkleben. Kelly lehnte ab und wurde nach Hause geschickt. Nachdem man sich nicht einig werden konnte, wurde Kelly entlassen. Da ihre Kündigung wenig mit Kellys Vorstellungen des American Way of Life übereinstimmte, klagte sie gegen Coco. Aber nicht etwa wegen vager Verletzungen ihrer persönlichen Freiheiten oder so. Sie klagte, weil die Piercings Ausdruck ihrer religiösen Ansichten seien und Coco somit grob gegen die Religionsfreiheit verstoße. Auf 2 Millionen US-Dollar Schadenersatz verklagte sie ihren ehemaligen Arbeitgeber. Piercings als Glaubensbekenntnis? Als Mitglied der *Church of Body Modification*, einer kleinen Gruppe mit etwa 3500 Mitgliedern in den USA, sucht sie ihr persönliches Seelenheil unter anderem auch in der Veränderung ihres Körpers – in ihrem Fall eben durch Piercings. Kelly erhielt für die Durchsetzung ihrer Rechte Unterstützung von der *Equal Employment Opportunity Commission* (EEOC), einer freien Bürgerrechtsorganisation mit einem Jahresbudget von 344 Millionen US-Dollar (lt. Wikipedia). Für 2 Millionen US-Dollar, dachte sich Coco, kann man schon mal eine Ausnahme machen, und befreite Kelly freiwillig vom Dresscode. Das Verrückte daran: Das Angebot fand sie wiederum nicht genug entgegenkommend und bestand auf den Prozess, den sie aufgrund der Freistellung vom Dresscode aber verlor.

Mein Ticket. Mein Platz.

Ein ganzes Ticket bezahlen und einen halben Sitzplatz bekommen? Nicht, wenn man Anwalt ist. Patrick S. saß ganze zwei Stunden bei einem Flug der Delta Airlines neben einem

»riesigen« Mann. Er fühlte sich von der Fluggesellschaft um seinen Sitzplatz geprellt und erlitt »psychische Qualen, fühlte sich elend«. 9500 US-Dollar, auf die er die Airline verklagte, würden sein Leid lindern. Wie sich der beleibte Passagier dabei fühlte, wissen wir nicht. Was wir wissen, ist, dass sich die Airline und der bedrängte Anwalt außergerichtlich einigen konnten.

Probleme mit der Bank

Der 15-jährige Jackson langweilte sich auf der Ersatzbank. Sein Selbstbewusstsein ging gegen null, nachdem er dem örtlichen Baseballteam *Babe Ruth Baseball League* in Vallejo/Kalifornien beitrat. Ebenso gegen null gingen seine aktiven Einsätze im Team. Keine 10 Prozent der Spiele war er auf dem Feld. Er beschwerte sich beim Trainer. Dieser versprach ihm für die nächste Saison mehr Einsätze. Also verlängerte Jackson seine Mitgliedschaft um ein weiteres Jahr. Und saß wieder auf der Bank. Zwar nicht mehr so viel, denn bei etwa jedem fünften Spiel kam er aufs Feld. Dann spielte er allerdings auf einer jener Positionen, die eher unspektakulär sind. Jackson ging in die Offensive. »Wenn ich nur 20 Prozent spielen darf, bezahle ich auch nur 20 Prozent Vereinsbeitrag«, sprach's und verklagte daraufhin den Verein vor dem Small Claims Court, einem Gericht für Streitigkeiten mit geringerem Streitwert. Der Vereinspräsident erklärte schon vor einiger Zeit sowohl Jacksons Vater als auch dem Junior, dass ihm, rein rechtlich, durch die bloße Vereinsmitgliedschaft nicht eine einzige Sekunde Spielzeit garantiert sei. Aber für derartige Beschwerden gäbe es ja immerhin einen Vereinsausschuss, den die beiden aber nie konsultiert hätten. Der Streitwert betrug übrigens 65 US-Dollar, zuzüglich Gerichtskosten. »Der Punkt ist doch, dass er ein Kind ist und Gefühle hat. Die Vereinschefs und Trainer sind viel zu viel auf das Gewinnen fokussiert. Den Kids geht es ums Spielen. Die wollen Spaß haben. Und die Trainer denken, sie wären (...) bei der Baseball World Series«, monierte Jacksons Vater. Der Vereinschef setzte dem entgegen, dass es sehr wohl die Kinder seien, die gewinnen wollen und keine Lust mehr haben, wenn sie verlieren und andererseits auch Beschwerden von den Eltern der Kinder kommen, wenn ihre Mannschaft nicht ausreichend oft gewinnt. Das Gericht schickte Jackson ebenfalls auf die Bank: »Als angehender Sportler müsse man eben auch lernen zu verlieren.«

Die Aussicht genießen und bezahlen

Das Management des Chicago Cubs Baselballteams war sauer. Wann immer das Team ein Heimspiel in seinem Wrigleys Stadion bestritt, ließen die Barbesitzer ihre Gäste rund um das Stadion auf ihre Dachterrassen, um von dort aus das Spiel gratis zu sehen. »Die bereichern sich unzulässig an unseren Leistungen. Die Spiele sind unser Produkt und wir haben darauf die Urheberechte. Da hat sich was von ein paar Liegestühlen und Weber-Grills hin zu einem Millionen-umsatz-Geschäft entwickelt«, klagten die Cubs-Manager. Nachdem Gespräche mit den Barbesitzern scheiterten, zog der Verein vor Gericht. »Sie haben keine Lust, unser Team und deren Erfolge irgendwie zu unterstützen. Die Schmarotzerei ist jetzt vorbei.« So der zuständige Cubs-Hoeneß. Die Barbesitzer boten dem Club an, für jeden Gast einen Betrag von 14 US-Dollar abzuführen. Das war dem Verein nicht genug. In der darauf folgenden Klageschrift verlangte der Club ein Verbot der Barbesitzer, von ihren Gästen Eintritt zu verlangen, sowie einen nicht bezifferten Betrag an Schadenersatz. Man einigte sich schließlich auf Beträge zwischen 15 und 25 US-Dollar Eintritt pro Gast, was den Cubs knapp 2 Millionen US-Dollar Extra-Einkommen bescheren würde.

Drei der Barbesitzer verweigerten trotz allem die Zahlung. »Wozu zahlen? Wir haben eine prima Aussicht. Und diese Aussicht ist unsere Aussicht und nicht die des Vereins. Sie gehört uns einfach so.«

Ene mene miste, es rappelt im Gerichte

Kinderreime werden weltweit von Kindern benutzt, um zum Beispiel ein Team zusammenzustellen. So auch in den Vereinigten Staaten von Amerika. Ein sehr populärer Auszählreim geht so: »Eanie, meenie, minie, moe, catch a tiger by the toe.« *Fang einen Tiger an der Zehe*, wörtlich übersetzt. Die wenigsten Kinder oder Amerikaner, und überhaupt der Rest der Welt wissen, dass der Reim einen sehr hässlichen rassistischen Hintergrund hat. Im Original hieß es nämlich »... catch a Nigger by the toe.« Janice C., 22 Jahre alt und Stewardess by Southwest Airlines, war von dieser unschönen Tatsache mehr als überrascht. Sie sprach eine Version des Rüttelreimes, den sie von Kollegen aufgeschnappt hatte, in die Lautsprecheranlage eines gut gebuchten Fluges: »Eanie, meenie, minie, moe, pick a seat, we gotta go.« Lustig gemeint? Nicht lustig fanden das Lena S. und Georgette F., beide farbige Frauen. Sie verklagten die Airline auf unbezifferten Schadenersatz wegen Diskriminierung und sowohl psychischer als auch emotionaler Erniedrigung. Die zuständige Richterin wies die Klage wegen Erniedrigung ab, ließ die Klage wegen Diskriminierung aber zu. Die Jury müsse entscheiden, ob es sich in dem Fall um einen rassistischen verbalen Übergriff oder um einen gescheiterten naiven Scherz handle. Die Jury vermutete einen unschuldigen Scherz, da die wirklich rassistische Version bei den meisten Menschen längst in Vergessenheit geraten sei – und bei einer 22-Jährigen erst recht. Lena S. und Georgette F. verklagten daraufhin die Jury wegen rassistischer Diffamierung: »Wäre die Jury

unseresgleichen gewesen, hätte sie anders entschieden.«
Nach drei Jahren Prüfung wurde der Fall abgewiesen.

Im Bus auf Mission

Geneva A., 56, hatte eine Mission. Diese verkündete sie im
öffentlichen Nahverkehr – in einem Bus in Milwaukee/Wis-
consin. Sie predigte in missionierender Absicht aus ihrem
»Holy Book of Hope« und versuchte die Büchlein an Mit-
fahrende zu verteilen. Als der Busfahrer sie ansprach, damit aufzuhören, ignorierte sie ihn. Als der Busfahrer weiter
insistierte, damit endlich aufzuhören, da in den öffentlichen
Verkehrsnetzen jede Art der Werbung – sei es für Literatur
oder religiöse Schriften – verboten sei, ignorierte sie ihn erneut und wurde daraufhin von ihm »nach draußen begleitet«. Ganz klar, Geneva A. klagte. Gegen den Fahrer sowie
die Bus- und die Verkehrsgesellschaft und verlangte, das
Verbot der Werbung für Schriften aller Art aufzuheben. Sie
klagte wegen der Verletzung ihres Rechtes zur freien Rede.
»Mrs A. mit Gewalt aus dem Bus zu entfernen, weil sie aus
der Bibel zitierte, war ein sehr erschütterndes Ereignis«,
klagt ihr Anwalt. »Fahrgäste müssen doch nicht automatisch
ihre Menschenrechte abgeben, wenn sie einen öffentlichen
Bus betreten.« Das Recht auf freie Rede ist ein sehr wichtiges Recht in den Vereinigten Staaten. Wobei dieses Recht
auf freie Rede nicht das Recht beinhaltet, dass andere immer
und überall jeder freien Rede zuhören müssen. So sah es das
Gericht und lehnte die Klage ab.

Farbenblöd?

Nach sechs Monaten im Job baute der Busfahrer Chris S.
seinen ersten leichten Unfall. Wie es das Prozedere der New
York City Verkehrsbehörde (NYCV) routinemäßig verlangt,
musste S. sich einer Fahrtauglichkeitsprüfung unterziehen.

Beim Augentest fiel er durch: Bei ihm wurde eine Rot-Grün-Farbenblindheit festgestellt, womit er Verkehrssignale nicht unterscheiden kann. Es folgten mehrere Augenuntersuchungen, auch von Ärzten, die nicht direkt für den NYCV arbeiteten, die alle zum gleichen Ergebnis führten – der Mann ist farbenblind. Nach amerikanischem Bundesrecht dürfen farbenblinde Menschen nicht als Berufsfahrer arbeiten. Chris S. wurde vor die Wahl gestellt: kündigen oder gekündigt werden. Er kündigte. Legte aber, mit Unterstützung der *Equal Employment Opportunity Commission* (EEOC) gleichzeitig Beschwerde ein, da kein ausreichender Grund für eine gesundheitsbedingte Dienstunfähigkeit vorläge. Gleichzeitig stellte er seine Farbenblindheit in Abrede, stritt diese also ab. Zusätzlich verklagte er die NYCV wegen Verstoßes gegen die Gleichstellung behinderter Menschen. Er verlor sämtliche Prozesse in der ersten Instanz.

George, der aus dem Paragrafen-Dschungel kam

George, der aus dem Dschungel kam 2 ist eine Disney-Komödie, vertrieben von deren Tochtergesellschaft Buena Vista Entertainment. Man könnte auch sagen, es ist ein Klamaukfilm für Kinder. So weit, so egal. Im Dschungel fliegen die Fetzen, der Dschungel wird bedroht, wie könnte es auch anders sein, von einer Armada heranrollender monströser Bagger. Caterpillar-Bagger. Diese Szene gefiel dem Caterpillar-Konzern ganz und gar nicht. Er befürchtete eine Ruf- und Geschäftsschädigung sowie Markenverwässerung. Caterpillar wendete sich an das zuständige Gericht (US District Court, Peoria/Illinois) und klagte[4] eine Verfügung ein, sämtliche 2,2 Millionen Kopien aus dem Verleih zu nehmen und

---

4   Leider entgeht uns hier ein neckisches Wortspiel, das nur im Englischen prima funktioniert: »Cat's suit against Disney ...« denn *suit* heißt sowohl »Anzug« als auch »Klagesache«.

die Szene aus dem Film zu schneiden. Der Film »verwandle Caterpillar-Bagger in eine bösartige Armee« und könnte »einen negativen Eindruck auf die Kinder auslösen, die den Film sehen«. Man muss dazu sagen, dass Caterpillar in den USA ein Synonym für Bagger im Allgemeinen ist. So wie bei uns Tempo für Taschentücher und Maggi für Suppenwürze steht. Die Konzerne müssen also tatsächlich aufpassen, dass sie sich durch Alleinstellungsmerkmale von den Mitbewerbern absetzen, damit ihr Markenbild nicht verwässert wird. Wo waren wir? Bei George, der aus dem Dschungel kam. Ganz so, als ob im Publikum nicht Kinder mit ihren Eltern säßen, sondern Einkäufer von Baumaschinen. Ein lustiger Gedanke. »Oh, wir gucken zwar gerade einen klamaukigen Kinderfilm, die Bagger von Cat scheinen aber echt böse zu sein. Die kaufen wir nicht mehr ein. Wir kaufen für unseren neuen Autobahnabschnitt mal lieber Bagger von … wem auch immer.« Der US-District-Richter erkannte wohl die Absurdität und stimmte der Stellungnahme von Disney zu. »Wir haben großen Respekt vor Caterpillar (...). Wir gehen davon aus, dass die Zuschauer die betreffenden Sequenzen wegen ihres Humorcharakters sehen und diese nicht ernst nehmen.« Der Richter konnte auch keinerlei Beweise dafür feststellen, dass Disney sich gegenüber Caterpillar Wettbewerbsvorteile erschleichen oder in irgendeiner Art die Marke nießnutzen wollte. Ebenso wenig sei erkennbar, dass »Caterpillar im Film als Sponsor auftritt oder Schleichwerbung betreibt.« Es sei eben »ein verbreitetes Phänomen, das real existierende Marken in einem Film auftauchen«. Mann stelle sich nur mal vor, wie viele Western-Filme aus den Kinos flögen wenn, sagen wir, Winchester nur die Guten schießen ließe und die Ganoven aus markenrechtlichen Gründen nur Holzattrappen von Gewehren in die Hände bekämen.

Hola-Huups!

Wham-O ist ein nordamerikanischer Spielzeughersteller. Bekannt sind dessen Hula-Hoop-Reifen, Frisbees und – zumindest in den USA – der Slip ´n Slide: ein breiter Plastikstreifen, den man in den Garten legt und mit dem Gartenschlauch nass macht, sodass man auf dem Wasserfilm entlangschlittern kann. So schlitterte auch David Spade, der Hauptdarsteller im Film *Dickie Roberts: Former Child Star.* Nein, stimmt nicht ganz. Spade alias Dickie goss auf seinen Slip ´n Slide nicht Wasser, sondern Öl, und krachte daraufhin mit Karacho in den Gartenzaun. Wohlgemerkt im Film und eventuell vertreten durch einen Stuntman. Reiner Slapstick also. Grund genug für Wham-O, Klage gegen Paramount Pictures wegen Markenrechtsverletzung einzureichen. Entweder sollten die Filme aus dem Verleih verschwinden, die Szene herausgeschnitten oder mit dem Hinweis »Don't try this at home« versehen werden, da diese klar gegen die Sicherheitshinweise des Spielzeugs verstoßen. Albern, fand das Gericht (vermutlich). Die Klage wurde jedenfalls abgewiesen.

Hundsgemein

Was muss geschehen, dass private Spender 100 000 US-Dollar lockermachen, um ein Kopfgeld auf einen flüchtigen Verbrecher auszusetzen? Ein grausamer Terrorakt? Mord?

Mord. Im Februar 2000 rammte Shauna McB. den SUV von Leslie B. auf einer Autobahnauffahrt. Der stieg daraufhin aus seinem Auto aus und ließ Shauna McB. ihr Fenster öffnen. Wutentbrannt griff er sich das Hündchen der Fahrerin von deren Schoß und schleuderte es auf die Autobahn. Shauna musste mit ansehen, wie ihr kleiner Hund Leo überfahren und getötet wurde. Leslie B. floh. Die Presse sorgte für internationale Schlagzeilen. Die Jagd auf Leslie B. begann. Er konnte gefunden, gefangen, angeklagt und zur Höchststrafe verurteilt werden: drei Jahre Haft wegen Tierquälerei. Leslie brauchte keine zwei Jahre Bedenkzeit im Knast, um auf die Idee zu kommen, sich zu rächen. Er verklagte Mrs McB. Sie hätte ihn gegenüber der Polizei und Presse auf rufschädigende Art beschimpft. Dadurch wurde vorsätzlich gegen ihn eine internationale Hetzjagd ausgelöst. Ganz ohne anwaltliche Hilfe begründete er seinen Schadensanspruch – er leide deswegen unter seelischen Schmerzen, hätte Ängste und einen Schock erlitten, wäre gedemütigt worden, sei verwirrt und gekränkt. Hinzukommen würde noch ein posttraumatischer Schock und Gewichtsverlust. Für all das verlangte er 1 Million Dollar von McB. und der Zeitung. Seine brillante Idee zur Klageerhebung wurde abgewiesen.

Blut? Wurst.

Rick R. sitzt in Utah wegen diverser Delikte ein: unerlaubter Waffenbesitz, Diebstahl und diverse Einbrüche. Er verklagte die Besserungsanstalt, weil diese ihm die Ausübung seiner religiösen Überzeugung verböte. Mann muss wissen: Rick R. ist ein Vampir-Druide. Er braucht dringend sexuellen Kontakt zu Vampirinnen und muss tun, was ein Vampir eben tut, nämlich Blut trinken. Die den Vampir-Druiden-Orden eigenen Ernährungsvorschriften – »Diätvorschriften«, wie R. sich ausdrückte –, müsse er einhalten. Das, obwohl er eigentlich und laut seinen Papieren offiziell der katholischen Konfession angehörig ist. Der Richter ließ seinen Fall nicht zu. Der Vampir-Druide legte Einspruch ein, der aber wegen absoluter Unhaltbarkeit abgewiesen wurde.

Die Am-aller-höchsten-Staplerin

Lena W., geborene Lena Antoinette Motard, war Modell für Victoria's Secret und Bergdorf Goodman, hat einen Jura-Abschluss der Boston University, ist eine saudi-arabische Prinzessin und war Vizepräsidentin der Brown Brothers Harriman Investment Bank. Sie erwartet außerdem 7 Millionen US-Dollar Unterhalt als geschiedene Ehefrau und ist ein Drillingskind. Das alles ist sie – wenn man ihr denn glaubt. Für alle anderen ist sie eine Hochstaplerin des New Yorker Jetsets, die behauptete, ihr wäre tahitianischer Perlenschmuck im Wert von 236 000 US-Dollar gestohlen worden. Woraufhin sie wegen Versicherungsbetruges zu einem Jahr Gefängnis verurteilt wurde. Mrs Motard hat außerdem eine knappe Million Dollar Schulden bei American Express, die ihr eine schwarze AmEx ohne Limit zur Verfügung gestellt hatte. Als die Kreditkartenfirma nun das Geld zurückhaben wollte, verklagte Lena wiederum American Express. Sie hätten ihr die Karte nie geben dürfen – und was überhaupt mit der versprochenen »flexiblen Rückzahlung« sei, die ihr versprochen worden war. Ihr Anwalt machte geltend, das seine Mandantin zum Zeitpunkt des Vertragsabschlusses mit American Express unter Anorexie, Depressionen, Panikattacken und, nicht zu vergessen, Hirntumoren litt. Doch dies half alles nichts. AmEx musste ihr keine 2 Millionen US-Dollar Schadenersatz zahlen. Lena W. hingegen wurde zu einem Jahr Gefängnis verurteilt, ließ sich aber ersatzweise im New York Presbyterian Hospital einweisen und wurde drei Monate später ins Wekiva Springs Center for Women in Jacksonville/Florida verlegt. Im April 2006 wurde sie erneut wegen Tricksereien mit Juwelen und der Vorgabe falscher Identitäten verhaftet. Im August 2010 zog sie, im beiderseitigen Einverständnis, eine Klage gegen den Juwelier Marcus E. zurück, den sie auf 1,1 Millionen US-Dollar verklagen wollte, weil er ihr Schmuck zu teuer verkaufte. Alles klar so weit?

Notwehr, wie, was?

Falco L. hörte ein seltsames Geräusch hinter seinem Haus, griff sich sein Gewehr und ging der Sache auf den Grund. *Die Sache* entpuppte sich als Einbrecher, den 29-jährigen Hank R. Die beiden Herren wurden sich nicht recht einig, der Einbrecher wollte weiter einbrechen oder jedenfalls nicht stiften gehen und so kam es zum Gerangel, bei dem Falco den Einbrecher H. erschoss. Der Bezirksstaatsanwalt erkannte eine klare Notwehrsituation und erklärte: »Wenn man einen angreifenden Einbrecher aufhalten will, ist so ein Schuss gar kein schlechtes Mittel.« Die Mutter des angreifenden Einbrechers, Martha R., ließ sich jedoch nicht davon abhalten, gegen Falco L. Zivilklage einzureichen. Schließlich hätte L. ihren Sohn, ohne dass dieser ihn »provozierte«, erschossen. »Wie bitte?«, könnte man sich fragen, und »Was für ein Unfug!« denken. Von wegen. Denn nach jahrelangem rechtlichen Gerangel entschlossen sich beide Parteien, im beiderseitigen Einverständnis ein neutrales Schiedsgericht einzuschalten. Jenes Schiedsgericht, vertreten durch Betty L., entschied, dass der Schuss zielgerichtet todbringend war – Falco L. wurde zur Zahlung von 50 000 US-Dollar an die Mutter des Einbrechers verurteilt.

Er, er, er und er sind schuld

Der 23-jährige Ronny B. wurde dabei beobachtet, wie er versuchte, einen Fußgänger zu überfahren. Der Augenzeuge, der die brutale Szene beobachtete, rief sofort die Polizei, die pünktlich genug eintraf, um die Verfolgung aufzunehmen. Ronny gab nicht auf. Sondern Gas. Eine Verfolgungsjagd am Nachmittag in Clemson/South Carolina geht selten gut aus. In diesem Fall vor allem für den Verfolgten: B. raste in eine Baustelle. Genauer gesagt in eine nicht fertiggestellte Brücke – der Crash kostete ihn das Leben. Dabei wurde er nicht

vom Polizeifahzeug gerammt. Er floh, weil er sich der Fest-
nahme entziehen wollte. Also – mehr oder weniger – aus eigenem Willen. Sein Vater, Ben B., klagte auf Nötigung mit Todesfolge. Wen er verklagte?

— Die Stadt Clemson, deren Polizeibeamten seinen Sohn
   zwangen, in eine gefährliche Baustelle zu rasen.

— Die T. Brothers Company, jene Tiefbaufirma, die ver-
   säumte, ausreichende Beschilderungen und Barrieren
   aufzustellen, um einen Amokfahrer vor einem Unfall zu
   schützen.

— Das Verkehrsamt von South Carolina, weil dieses es unterlassen hatten, für ausreichende Kontrollen und Anweisungen gegenüber der oben genannten Baufirma zu
   sorgen.

— Die Verwaltung des Apartment-Komplexes, in dessen
   unmittelbarer Nähe sein Sohn versuchte, einen Fußgänger platt zu fahren, und die Verfolgungsjagd begann.

— Den Augenzeugen, ein Angestellter des Apartment-
   Komplexes, der die Polizei zu Hilfe rief.

Eine ausgezeichnete Klage

Im Staate Massachusetts existiert immer noch ein recht an-
tiquiertes Gesetz, das den Einzelhandel betrifft. Jeder einzelne Artikel muss mit seinem jeweiligen Preis ausgezeichnet sein. Glühbirnen, Milchtüten, Schokoriegel – egal was.
Das mag ein wenig verstaubt erscheinen, schließlich sind
wir längst in den Zeiten von Barcodes, Scannern, iPhones
und ausgefeilten Bezahl- und Kassensystemen angekommen. Günstig ist das auch nicht, denn es macht Arbeit, die
der Verkäufer bezahlen muss. Der Punkt ist: Es halten sich

die wenigsten an das überalterte Gesetz. Außer vielleicht ein kleiner Tante-Emma-Laden. Und wo kein Kläger, da kein Richter. Cody H., 59, ist aber leider ein notorischer Kläger. Gesetz ist schließlich Gesetz und überhaupt, wo kämen wir denn da hin. Cody beschwerte sich bei der HD-Ladenkette, die über 30 Läden betreibt, unter anderem auch in Dorchester/Massachusetts, wo H. wohnt. Seine Beschwerde stieß dort auf taube Ohren. H. wendete sich anschließend an den Generalstaatsanwalt, dem Codys Problem ebenfalls ziemlich egal war. Das ließ sich Cody H. aber auf gar keinen Fall bieten. Er ging seinen »Cody-Weg« und reichte als Stellvertreter sämtlicher Kunden der Ladenkette eine Sammelklage ein. Mit Erfolg. Seine Klage wurde endlich gehört. Im Namen sämtlicher »schikanierter« Kunden verlangte er Preisauszeichnungen auf jedem – und sei es noch so kleinem oder günstigem – Artikelchen. Er verlangte genau 25 US-Dollar für jeden »betroffenen« Kunden der Kette. HD roch Lunte. Dem Management war klar, dass es das Recht nicht auf seiner Seite hatte, und bot knapp 4 Millionen US-Dollar Schadenersatz an, zusammen mit dem Versprechen, innerhalb der nächsten drei Jahre sämtliche 33 Niederlassungen auf gesetzestreue Linie zu bringen. Ein Unterfangen, das das Unternehmen circa 20 Millionen kosten würde. Die Hälfte der freiwillig angebotenen 3,8 Millionen US-Dollar geht an den Anwalt H. Die andere Hälfte würde zwischen einer »repräsentativen Auswahl« an Verbraucherschutz sowie an verschiedene gemeinnützige Einrichtungen fließen. Unter anderem auch an die Generalstaatsanwaltschaft, also genau an jenes Organ, das die Strafsache gegen HD abschmetterte. Erstaunlich ist auch, dass die Zahlungsempfänger überhaupt nicht von HD übervorteilt wurden oder sich übervorteilt fühlten. Wie auch?

Folgende Zahlungen wurden von HD geleistet:

- Habitat for Humanity – 1 Million US-Dollar

- The National Consumer Law Center – 100 000 US-Dollar

- The Friends of the Shattuck Shelter – 50 000 US-Dollar

- Eine private Website für Konsumentenrechte (nicht gemeinnützig) – 25 000 US-Dollar

- Und eine neu ins Leben gerufene Organisation, Consumer Ressource Fund – 725 000 US-Dollar, wovon wiederum der Generalstaatsanwaltschaft ein Teil zufließt.

Auf die Frage, warum ausgerechnet die »Geschädigten« nichts erhielten, mutmaßte der *Boston Globe*: »Offensichtlich ist der Schaden pro Person verschwindend gering.« Letztendlich ist, nachdem an all die Verbraucherorganisationen hohe Summen geflossen sind, auch wenig für die »betroffenen Kunden« übrig. Zu wenig, um diese ausfindig zu machen, anzuschreiben und zu bezahlen. Dies war höchstwahrscheinlich auch der Hauptgrund für die freiwilligen Zahlungen von HD, statt sich von einer Jury dazu verurteilen zu lassen, unter gigantischem logistischen Aufwand einer halben Million Kunden jeweils einen Scheck über einen Penny auszustellen. HD war dem Suffolk Superior Court mehr als dankbar, dass dieser den Vorschlag zur Güte angenommen hatte. Trotz der unfreiwilligen Wucherzahlung sieht das Unternehmen die Aktion allein aus Marketinggründen positiv. Es fand kein Prozess statt, sondern eine Spendenaktion. Andere Großhändler des Bundesstaates sind freilich sauer, dass sich HD so »leise« aus der Affäre gezogen hat. Besser wäre ein Urteil zu dessen Gunsten gewesen. Denn so laufen all diejenigen, die ihre Preise nicht akribisch auszeichnen, ebenso Gefahr, von irgendeinem unzufriedenen Kunden oder Haarspalter verklagt zu werden. Was sah Cody H. eigentlich selbst von all den Millionen? Nichts. Was war dann sein Beweggrund? »Es hat einfach nur Spaß gemacht.« Walmart sollte übrigens sein nächstes Opfer sein. Das Unternehmen zahlte 7,35 Millionen US-Dollar.

Neben den Nebenwirkungen

Sammelklagen sind ein wichtiges und notwendiges Werkzeug, wenn Personen in größerer Anzahl geschädigt wurden. Vor allem wenn es um deren Gesundheit geht, die mehr oder minder schwer beschädigt wurde. Niemand hätte wohl ernsthaft Mitleid mit der Pharma-, Bau- oder egal welcher Industrie, wenn diese im Schadensfall hohe Kompensationszahlungen leisten müssen und, falls überhaupt möglich, zur finanziellen Wiedergutmachung verurteilt werden. Manchmal erfordert der Weg dorthin großen Mut und Engagement Einzelner, um Gerechtigkeit für viele einzufordern. Manchmal ist es aber auch genau umgekehrt. Dann sprechen wir von Trittbrettfahrern: wenig oder gar nicht Betroffene, die sich aus rein finanziellen Gründen hervortun, um ein wenig vom großen Kuchen abzugreifen. Das kann fatale Folgen haben – auch für völlig Unbeteiligte. Das Medikament Propulsid wurde von den amerikanischen Gesundheitsbehörden im Jahr 1993 zur Behandlung von Verdauungsstörungen zugelassen. Im Jahr 1999 stand der Wirkstoff im Verdacht, mit 341 Fällen von Herzrhythmusstörungen in Verbindung zu stehen, die wiederum in acht Fällen tödlich endeten. Propulsid wurde vom Markt genommen. Die Klagewelle folgte. Der Fall ging, und das ist gut so, durch die Presse. Henriette N. aus Rolling Fork/Mississippi warf Propulsid in die Tonne, auch sie hatte von der Sache gelesen. Sie entschied sich zu klagen, »weil ich damit vielleicht ein paar Dollar verdie-

nen kann«, wie sie zugab. Sie hatte keinerlei Herzrhythmusstörungen und erklärte ganz offen, »keinen Schaden durch
Propulsid erlitten zu haben.« N.s Internist und Kinderarzt,
Kevin K., praktiziert im Mississippi-Delta, weil er Christ ist.
Er und seine Frau, ebenfalls Ärztin, hätten auch in Michi-
gan bleiben und dort eine gut gehende Praxis führen können. Doch das Ärztepaar zog es dahin, wo die Not in jenem
County der USA am größten ist. Beide arbeiteten im stark
unterbesetzten Sharkey-Isaqueena-Krankenhaus. Die meisten Patienten, die sich dort behandeln lassen, leben deutlich unter der Armutsgrenze. Wobei: Sie *arbeiteten* in diesem Krankenhaus. Das Ärztepaar verließ North Dakota, weil
beide es leid waren, ständig von ihren Patienten verklagt zu
werden. Um der Ärztenot ein klares Bild zu verschaffen: Dr.
K.s Frau, Dr. Martha W., war die einzige Kinderärztin innerhalb der Zuständigkeit zweier Countys. Nur zwei Ärzte blieben in der Klinik übrig. »Es wird schwierig werden, Nachfol-
ger für die beiden zu finden. Denn wer auch immer die Stelle
oder Stellen annimmt, dem wird das Gleiche passieren. Klagen und Prozesse ohne Ende«, prognostiziert der Klinikei-
ter, Warren W. »Letztendlich leiden die Patienten darunter.«
Laut zuständigem Gesundheitsamt verließen seit 2002 fast
hundert Ärzte die Region. Eine eigene Kommission wurde
einberufen, um diesem Phänomen auf den Grund zu gehen.
Das Ergebnis – die Ärzte fliehen tatsächlich regelrecht vor
nichts anderem als der Flut von Klagen. Sei es wegen angeb-
licher Falschbehandlungen oder der immensen Versiche-
rungskosten gegen Kunstfehler.

Was sagen dazu die Rechtsanwälte der Region? »Die Ver-
sicherungsprämien stiegen wegen der Wirtschaftskrise und
dem 11. September«, behauptet der Strafverteidiger Dan S.,
ohne eine Miene zu verziehen. »Das hat überhaupt nichts

mit Klagen der Patienten zu tun.« Dr. K. kann dem wohl nicht zustimmen. Seine Patientin Henriette N. ist bestürzt darüber, dass ihr Arzt wegen der Prozesse das Weite sucht. »Wer kümmert sich dann um uns, wenn all die Ärzte gehen?«

Als Henriette N. ihren Anwalt anwies, Dr. K. von der Liste der Ärzte zu streichen, die sie verklagen wollte, war der schon fortgezogen. Ihr Anwalt hatte die Klageschrift bereits, mit Dr. K. auf der Liste, eingereicht. Die Gerichte in Mississippi sind bekannt dafür, relativ hohe Schadenersatzzahlungen von den »reichen« Versicherungsgesellschaften an die »armen« Menschen in der Region auszusprechen. Logischerweise geben die Versicherungen ihre Kosten in Form von Prämien an die behandelnden Ärzte in der Region weiter. Nicht unbedingt ein guter Grund für einen Arzt, sich im Mississippidelta niederzulassen. »Solche Gerichtsprozesse sind nur die Symptome. Die Ursache ist eine Verwahrlosung der moralischen Einstellung und Integrität der führenden Köpfe in der Region«, sagt Dr. Kevin K. Als eines Tages eine sehr übergewichtige Frau in seine Praxis kam, um ein Präparat zum Abnehmen namens fen-phen verschrieben zu bekommen, verweigerte K. ihr das Rezept. »In Kombination mit anderen Medikamenten der Patientin hätte die Verabreichung tödlich enden können.« Die Dame ging einfach zu einem anderen Arzt, den sie dann im Zuge einer Sammelklage anzeige. Sie zeigte Dr. K. sogar stolz den Scheck über 125 000 US-Dollar, den sie als Abfindungssumme aus dem Prozess erhalten hatte. »Sie gehen einfach zu einem anderen Arzt, obwohl ich Ihnen die Risiken des Medikaments für Sie erklärt hatte? Ich finde nicht, dass Sie den Scheck einlösen sollten«, attestierte K. »Wo bitte bleibt denn da das Schamgefühl?« Es wurde von den Anwälten und gierigen Menschen verkauft. Menschen wie Henriette N., die sich, obwohl offenkundig beschwerdefrei, ein paar Tausend Dollar von dem abknapsen wollen, was jenen Patienten zusteht, die wirklich einen Schaden durch ein Medikament erlitten hatten und das Geld brauchen.

Notenzauberei – abseits von Hogwarts

Als Teil einer Facharbeit musste Ben D. ein Betriebspraktikum absolvieren. Genau wie seine Mitschüler. Dieses Praktikum wurde bewertet und floss somit in den Notenspiegel ein. Der 18-jährige Ben kam problemlos in der Anwaltskanzlei seiner Mutter unter. Als Mitschüler könnte man sich da denken, dass Ben aber Glück habe. Oder Pech. Weil Eltern ja oft strenger sind und eventuell schlechtere Zensuren vergeben als »neutrale« Arbeitgeber. Die Schule verschickt an die teilnehmenden Unternehmen Checklisten, die die Praktikanten erfüllen müssen. So eine Liste erhielt auch Bens Mutter Doris in ihrer Kanzlei in Memphis/Michigan. Ben erfüllte alle Anforderungen. Er arbeitete wie jeder andere Rechtsanwaltsgehilfe auch, ordnete und bereitete Dokumente vor und war sogar bei Mandantentreffen mit dabei. Als seine Vorgesetzte oblag es ihr, seine Leistungen zu bewerten. Sie benotete seine Leistungen mit A+. Und gab damit ihrem Sohn den Grund zu klagen. Da die Bestnote des örtlichen Schulsystems A ist, war es auch ein A, das sich in Bens Zeugnis fand. Dagegen protestierte Ben. Seine Mutter hatte ihm schließlich eine A+ gegeben! Ben verlangte von der Schule, dass der allgemeingültige Notenspiegel von Memphis nach oben, also an seine Note angeglichen werden müsse. Ohne das Plus hinter dem A würde es seine Chancen gegenüber seinen Mitschülern schmälern, als Jahrgangsbester als Abschlussredner auftreten zu dürfen. Bens Forderung wurde abgelehnt. Zusammen mit seiner Mama verklagte Ben daraufhin den Schulausschuss, sämtliche sieben

Vorsitzenden seines Schulrates, den Direktor der Schule und den Bezirksschulrat.[5] Ben verklagte alles, was Rang und Namen hatte. Bis zur höchsten Stelle, die er mit seiner Klage erreichte. Ben bestand auf sein A+, das Notensystem musste an seine Note angepasst werden. Zusätzlich bestand Ben auch auf 25 000 US-Dollar cash. Der Leiter der Schulbehörde äußerte sich dazu so: »Ja, ich hatte davon gehört, dass da irgendeine Klage eingereicht wurde, machte mir aber keine Sorgen. Dass ich Bens Antrag abgelehnt hatte, war einfach im Interesse der Allgemeinheit.« Mit einem neuen Notensystem hätten nämlich alle anderen Schüler ein großes Problem: deren Bestnoten wären nicht mehr die höchstmögliche Benotung – sämtliche Arbeiten müssten neu bewertet werden. Der County-Richter wies die Klage ab. Mit dem Hinweis, die Schule könne bewerten, wie sie es für richtig hält. Ben schloss auch nicht als Klassenbester ab, sondern als Zweitbester. Die Abschlussrede hielt ein anderer Schüler. Ben legte Berufung ein. Das Berufungsgericht bestätigte die Klageabweisung. Insgesamt dauerte das Prozedere über zwei Jahre. Die Rede hätte dann sowieso keine Menschenseele mehr interessiert. Außer vielleicht Ben und seine Mutter.

Armes schlaues Mädchen

Ein anderer Streit vor Gericht um die Ehre des Abschlussredners beziehungsweise des Jahrgangsbesten ging noch ärger nach hinten los: im Fall von Betty L. Cornwater. Die hatte zwar wirklich sagenhaft gute Noten, war aber nur einen Hauch besser als zwei andere Mitschüler der Fieldstone High School in New Jersey. Sie erhielt Zusagen der besten Universitäten des Landes: Harvard, Stanford, Princeton,

---

5   Im Einzelnen deckt sich das amerikanische Schulsystem und dessen Amts- und Würdenträger nicht mit dem unsrigen.

Duke und Cornell. Sie entschied sich für Harvard. Allerdings war der Schuldirektor der Ansicht, dass auch die beiden anderen Mitschüler irgendwie ein Anrecht auf die Ehre des Valedictorian, des Abschlussredners, verdient hätten. Cornwater hatte einen »unfairen Vorteil« gegenüber den anderen: sie litt unter dem Chronischen Erschöpfungssyndrom. Aus diesem Grund konnte sie beispielsweise nicht am Sportunterricht teilnehmen und wurde dort auch nicht bewertet. Die anderen Schüler mussten dies, auch wenn jene Noten nicht so stark wiegen. Außerdem durfte sie Teile des Unterrichts von zu Hause aus erledigen und unterlag somit nicht der rigorosen Notenvergabe, wie sie in der Schule vorgenommen wird. Es war alles ein wenig lockerer für sie: mehr Aufmerksamkeit durch die Lehrer und Extrazeit für Prüfungen und Tests. »Nachdem ich mir all das angesehen hatte, war ich ein wenig besorgt um die Fairness bei der Wahl der Valedictorians.« Sein Vorschlag war, Betty zusammen mit den beiden anderen Schülern als Co-Valedictorian die Ehre zu geben. Davon könne überhaupt nicht die Rede sein, befand Betty L. Cornwater und beschloss, eine Diskriminierungsklage gegen die Schule einzureichen beziehungsweise die Unterlassung, irgendjemand anderes als die Jahrgangsbeste Valedictorian zu nennen. Ihre Klageschrift führte aus: »Nicht nur, dass die Bezeichnung Co-Valedictorian unterstellt, sie sei nicht die Jahrgangsbeste gewesen; dies ist eine Herabwürdigung der vorangegangenen Leistungen.« Freilich klagte sie auch 2,7 Millionen US-Dollar Entschädigung ein. 200 000 US-Dollar für die erlittene Erniedrigung und 2,5 Millionen US-Dollar Schadenersatz. John Comegno, der Anwalt der Schule, argumentierte, dass Cornwater überhaupt kein Schaden oder Ehrverlust entsteht, wenn sie sich Co-Valedictorian nennen würde. »Es geht darum, sich eine Bühne zu teilen. Um mehr geht es nicht«, so Comegno.

Bettys Mitschüler standen hinter der Schule und hinter ihrem Rücken nannten sie die Schülerin selbstsüchtig. Der *Philadelphia Inquirer* berichtete sogar über den Fall Cornwater: »Es gibt da ein Sprichwort: Alles, was wir wissen müssen, lernen wir im Kindergarten. Betty Cornwater aus Fieldstone muss an dem Tag nicht aufgepasst haben, als die Kinder lernten, schön miteinander zu spielen.« Das Blatt nannte sie »Little Miss Perfect« und eine »kleinliche Heulsuse«. Der *Inquirer* stellte die Frage in den Raum, ob Betty wohl gelernt hätte, dass es sich nur lohnt, eine Leistung zu feiern, wenn man den Erfolg nicht teilen muss. Harte Worte von einem großen Blatt an ein kleines Mädchen. Letztendlich drückte der *Philadelphia Inquirer* aber nur das aus, was alle, vor allem Bettys Mitschüler und Lehrer, dachten. Unabhängig von der öffentlichen Meinung gab die Richterin Freda Wolfson der Klage Cornwaters recht und entschied, dass der Titel Valedictorian allein ihr zustünde. Die Schule hätte mit diesem grausamen und unbarmherzigen Bestreben die Rechte des Mädchens gebrochen und diese damit in Diskredit gebracht. Wenn sie gezwungen würde, den Titel zu teilen, trüge sie unausweichlich das Stigma herum, die »behinderte Valedictorian« zu sein und nicht einfach »die Valedictorian«. Das Verfahren für eine monetäre Gerichtsentscheidung wurde auf später verschoben. Zunächst ging Betty als Gewinnerin hervor. Doch der Wirbel um den Anspruch der Abschlussrede zog seine Kreise.

Während ihrer Zeit auf der Highschool verfasste Cornwater sechs Artikel für die *Cherry Hill Courier Post*-Zeitung. Fünf davon enthielten überwiegend Plagiate, wie die Zeitschrift mitteilte. Ihr Anwalt wurde bemüht und der Schulrat befragt. Dieser durfte sich zum Fall weder so noch so äußern, da immer noch die Millionenklage der Schülerin schwebend war. Der Rummel um ihre Person wuchs Betty derartig über den Kopf, dass sie die Rede, für die sie sich starkgemacht und sogar vor Gericht gestritten hatte, einfach sausen ließ. Sie fragte bei der Schulbehörde an, ob ihr der *Valedictorian Award* auch in Abwesenheit verliehen werden könne. Die Medien reagierten empört über diese Anfrage, da es nicht um den Titel in erster Linie gehe, sondern um die Ehre, die Abschlussrede als Jahrgangsbeste zu halten. Nicht nur die Medien, auch die Mitschüler, die Lehrer und die Öffentlichkeit fanden Bettys Aktion eine laue Nummer. Sogar die Harvard University meldete sich – und zog die Zusage auf einen Studienplatz zurück. Noch im gleichen Jahr gewann Betty den Schadenersatzprozess: Ihr wurden 65 000 US-Dollar zugestanden. Wovon 50 000 an ihren Anwalt gingen. Ihr selbst blieben läppische 15 000[6] US-Dollar dafür, dass sie sich schon als junges Mädchen in wirklich großem Rahmen unbeliebt machte und sogar ihren Studienplatz in Harvard einbüßte.

Ich schieße, du zahlst!

Am 4. Juli 2002 lieh sich Tatyana W. einen Chevy Blazer von Rent-a-Car in Des Moines/Iowa. Zusammen mit ihrem Verlobten Tom R., dessen Geschwistern Tina und Dan sowie ihren Freundinnen Jasmin N. und Shauna fuhr Tatyana in ein Stadtviertel, das für seine Feuerwerksschlachten bekannt ist. Am Independence Day schießen die Menschen dort mit Raketen, Krachern und anderen Feuerwerkskörpern aufeinander. Tatyana saß am Steuer, ihr Freund Tom und dessen Bruder Dan schossen Raketen vom Fenster aus auf ande-

---

6   Leider sieht es in manchen Teilen der USA so aus, dass man Anwaltskosten nicht von der Steuer absetzen kann. Betty musste also 60 000 Dollar als Einkommen versteuern, obwohl sie nur 15 000 Dollar erhielt. Kurz gesagt: Der Spaß kostete sie unter dem Strich knapp 10 000 Dollar.

re Leute. Eine der Raketen schoss Tom aber nicht wie ge-
wollt aus dem Fenster des Wagens, sondern in dessen In-
neres. Dort explodierte die Rakete und setzte den gesamten
Vorrat an Raketen, Böllern und anderen extrem leicht ent-
zündbaren Feuerwerkskörpern in Brand. Dan und Jasmin erlitten schwerste Verbrennungen, die erst 15-jährige Shauna
kam ums Leben. Wer war schuld an der Tragödie? Während
Shaunas Hinterbliebene sich mit einer Abfindung von Tatyana W.s Versicherung einverstanden erklärten, klagten die
Geschwister ihres Verlobten gegen sie – und gegen Rent-a-
Car, da in Iowa auch der Fahrzeugbesitzer haftbar gegenüber
vom Fahrer verursachte Schäden ist. Rent-a-Car hielt dem
entgegen, dass mit den möglichen Haftungsschäden jene
gemeint sind, die das Auto als solches verursacht, und nicht
die Fehler des Fahrers oder der Passagiere. Das zuständige
Gericht in Iowa stimmte dem zu. Es schrieb 20 Prozent der
Schuld Tatyana W. zu und 80 Prozent Tom, der in erster Linie den Unfall verursachte.

Besser nur noch Spritzpistolen

Madera/Kalifornien – Die Polizeibeamtin Mandy Bariga
hatte gerade den 24-jährigen Wilson Casas festgenommen,
ihm die Handschellen angelegt und ins Polizeiauto verfrach-
tet. Es war keine große Sache: Wilson leistete ein wenig Wi-
derstand gegen die Polizei, als diese gerufen worden war, um
eine zu laute Feier zu beenden. Casas zeigte sich nicht sehr
kooperativ. Als er im Heck des Polizeiautos saß, begann er,
mit dem Fuß gegen das Seitenfenster zu treten. Officer Bariga beschloss daraufhin, ihn zur Räson zu bringen, ging zu
ihrem Wagen zurück, öffnete die Tür, zog ihre halb automa-
tische Glock – und erschoss Casas. Eigentlich hätte sie ihn
mit ihrem Taser M26 betäuben wollen. Durch einen solchen
Taser werden zwei Elektroden abgefeuert, die durch hohe

Spannung den Getroffenen kurzzeitig außer Gefecht setzen. Statt aber ihren Taser zu benutzen, zog sie ihre Dienstwaffe und schoss ihm damit mit einem Schuss durch das
Herz, die Leber und die Niere. Casas erlag seinen schweren
Verletzungen an Ort und Stelle. Der Staatsanwalt erkannte darin einen Unfall und erhob keine Anklage gegen Bariga.
Die Stadt hingegen sah sich für den Tod Casas verantwortlich und zahlte 350 000 US-Dollar Schadenersatz an seine Familie. Als Antwort klagte die Familie auf 10 Millionen
US-Dollar. Dagegen legte die Stadt wiederum Einspruch ein
und die Sache ging vor Gericht, was per se nicht unter die
Rubrik »verrückte Klagen« fällt. Zu behaupten, eine profes-
sionell ausgebildete Polizeibeamtin hätte ihre Dienstwaffe mit einer nicht tödlichen Waffe verwechselt, um damit
eine Person in ihrem Gewahrsam zu erschießen, ist heikel,
zugegeben. Besonders heikel ist aber die Behauptung, Bariga sei nicht schuld an dem tödlichen Schuss, obwohl die
Stadt zuvor eine Teilschuld eingeräumt hatte. Bariga und
die Stadt Madera reichten Klage gegen Taser International
Inc. ein, den Hersteller der Betäubungswaffe. Taser sei verantwortlich für Wilson Casas Tod, da die Trainingseinhei-
ten von Taser International die Officer nicht ausreichend für
die Unterscheidung zwischen Taser und Dienstwaffe vorbe-
reiten würden. »Das angebotene Training und die Präsen-
tation des Herstellers erscheinen nicht geeignet, einen verantwortungsbewussten Polizeibeamten adäquat zwischen
seiner Dienstwaffe und dem Taser ohne Verwechslungsge-
fahr unterscheiden zu lassen.« In Anbetracht der Tatsache,
dass Zigtausende Polizeibeamte in den USA seit vielen Jahren mit Tasern ausgerüstet sind, müssten doch relativ viele
Beamte ihre Pistole mit dem Taser verwechselt haben. Auch
die Verantwortungsbewussten darunter. Es konnten aber
nur insgesamt zwei solche Fälle bei den Nachforschungen

gefunden werden. Beide Opfer überlebten glücklicherweise die »echten« Schüsse.

Nach diesen Unglücksfällen wurden die Beamten übrigens angewiesen, Pistole und Taser nicht auf der gleichen Seite des Gürtels zu tragen, erklärte der Anwalt der Stadt. Laut Anklage sei Taser bewusst gewesen, dass ihre Trainingsmethoden mangelhaft sind und sie deswegen die Pflicht gehabt hätten, die Polizeidienststellen zu informieren, dass von ihnen trainierte Beamten aus Versehen die falsche Waffe ziehen könnten. Die Klageschrift verlangte, dass Taser, welchen Betrag die Familie Casas auch immer im Prozess wegen fahrlässiger Tötung zugesprochen bekommen würde, bezahlen sollte. Polizisten haben einen stressigen und wichtigen Job. Damit sie diesen korrekt ausfüllen können, werden ihnen viele Rechte eingeräumt. Bis hin zum Recht, auf Personen, die für andere eine unmittelbare Lebensbedrohung darstellen, scharf zu schießen. Solche Rechte ziehen automatisch auch die adäquaten Pflichten nach sich. Nämlich auch die Rechte der Verdächtigen zu wahren und im Zweifelsfall den Unterschied zwischen einer Pistole und einem Taser zu kennen. In letzter Instanz wurde Taser vom Revisionsgericht am 22. August 2011 freigesprochen.

Handgeld

Frederic M., 55, ein Angestellter der Stadt New York, musste während seiner Arbeitszeit auf die Toilette und suchte diese auf. Statt eines Türknopfes befand sich an der Toilettentüre jedoch nur ein Loch. Er benutzte die Kabine trotzdem. Als er diese wieder verlassen wollte, steckte er seine Hand in das Loch, um die Türe zu öffnen. Genau im gleichen Augenblick wollte jemand dieselbe Tür von außen öffnen und schlug schwungvoll dagegen. Frederic klemmte sich nicht nur schmerzhaft seine Hand ein, sondern riss sich Sehnen in seinem Daumen ab. Frederic blieb ein halbes Jahr im Krankenstand. Derweil verklagte er den Besitzer des Gebäudes, weil dieser es unterlassen hatte, die Klotüre instand zu setzen. Das Ergebnis: Frederic M. wurden 2 Millionen US-Dollar für bereits erlittene und zukünftige Schmerzen zugesprochen, dazu 200 000 US-Dollar für anstehende Behandlungskosten und eine dreiviertel Million Dollar – warum auch immer – für seine Frau. Insgesamt also fast 3 Millionen Dollar dafür, dass er eine Klotür benutzte, die offensichtlich kaputt war.

Der eigentliche Spaß an der Sache kommt aber noch: Frederic M.s Job war Claims Examiner, das heißt, als Sachverständiger musste er Klagen gegen die Stadt überprüfen.

Enten!

In Florida ist es nicht selten, dass Alligatoren aus dem Wasser auftauchen und Menschen angreifen. Eher ungewöhnlich ist, dass eine Gans durchdreht. Im Okeeheelee Park wurde Marlene G. mit aggressivem Federvieh in ein Handgemenge verwickelt, als eine Gans auf ihren Sohn losging. Beherzt versuchte sie die Attacke abzuwehren, fiel dabei auf ihren Allerwertesten und brach sich das Steißbein. Sie verklagte die Gemeinde von Palm Springs, da diese dem Vogel schließlich ermöglichte, sich im Park frei zu bewegen. 15 000 US-Dollar verlangte sie für medizinische Versorgung und Schmerzensgeld. Der Vogel fiel nicht zum ersten Mal unangenehm auf. Immer wieder pickte er in Schuhe und verfolgte Spaziergänger. Ein professioneller Fallensteller nahm daraufhin über 20 Gänse und Ganter in Sippenhaft. Dies sah der Anwalt der Klägerin als klares Schuldeingeständnis. Weiteres Beweismaterial lieferte Marlene G. allerdings per Handykamera. Ein Weilchen vor der Körperverletzung filmte sie die Gans, wie diese an Schuhen herumpickte und Passanten verfolgte. Googelt man den Fall, stößt man auf »silly lawsuits«. Es mag lustig klingen, wenn jemand von einer Gans attackiert wird. Wenn sich derjenige dabei den Steiß bricht, ist das allerdings null lustig. Wenn man dazu noch bedenkt, wofür und weswegen andere (vor allem in den USA) vor Gericht ziehen, ist dies so gesehen einer der vernünftigsten Fälle in diesem Buch. Die Klage wurde trotzdem abgewiesen.

Polizistenwitz

Philadelphia – An einem Morgen im April 2002 frühstückte ein Mann im Restaurant International House of Pancakes (IHP). Nachdem er fertig gegessen hatte, ließ er den Manager des Hauses kommen und eröffnete diesem, dass er leider weder Geld noch Kreditkarten bei sich habe, aber bereit wäre, für das Frühstück im Gegenzug in der Spülküche seine Schulden abzuarbeiten. Der Manager, noch leicht paralysiert von einem Raubüberfall in den letzten Tagen, rief die Polizei. Worte wie »Mann bezahlt nicht« und »kürzlich überfallen« lösen bei der Polizei im wörtlichen Sinne Alarmsirenen aus. Es machte sich Michael K. auf den Weg, nämlich derjenige Beamte, der zuvor auch schon beim Überfall auf das IHP geschickt wurde. Der Zechpreller ließ sich auch vom Polizisten weder aus der Ruhe bringen noch überzeugen, dass Abspülen keine akzeptable Alternative zur Bezahlung mit Geld sei. Insofern stellte ihm der Polizist einen Aufenthalt im Polizeirevier in Aussicht. Als das Thema Verhaftung im Raum stand, sprang der Mann auf und rief: »Hihi, verstecktes Mikrofon, reingefallen!« Er deckte auf, dass er für einen regionalen Radiosender arbeite. Tatsächlich entpuppte er sich als Don Rodriguez, 31, Live-Reporter für WIMQ-FM Radio Philadelphia – und alles, die ganze Show im Restaurant ginge im Moment live, via verstecktem Mikrofon, über den Sender. Nicht lustig, befand der Pressesprecher der Polizei, William Colarulo. Immerhin hätte der Manager des Restaurants den Polizeinotruf im festen Glauben an ein ernstes Problem gewählt. Darüber hinaus hielt sich der Beamte vor Ort genauestens an seine Dienstvorschriften – also wo solle da der Witz sein? Rodriguez wurde übrigens laufen gelassen, als ein Mitarbeiter des Senders dessen Rechnung per Kreditkartennummer am Telefon bezahlte. Anderenfalls würde die Sache als ein ganz normales Vergehen wegen Zechprellerei behandelt. »Es ist einfach unüblich bei uns zu spülen, statt zu zahlen«, konstatierte der polizeiliche Pressesprecher Carlos C. Don Rodriguez entschuldigte sich darüber hinaus bei einem Interview, »falls wir Unannehmlichkeiten verursacht haben«. Schwamm drüber? Stünde die Geschichte dann in diesem Buch? Nein. Stephen R. Lee, der Restaurantbesitzer, verklagte auf Schadenersatz. Nämlich Don Rodriguez und dessen Arbeitgeber WIMQ-FM Radio Philadelphia sowie den Betreiber des Senders, Clear Channel Communications. Gleichzeitig und unabhängig von dieser Klage reichte auch der Polizeibeamte, Officer Michael K., Klage wegen Diffamierung gegen den Sender und dessen Betreiber ein. Minimum 50 000 US-Dollar wollte er, weil er live im Morgenprogramm zum Affen gemacht wurde. In seiner Klageschrift hieß es, er sei »in der Öffentlichkeit und als Person verunglimpft und gedemütigt worden. Seine Autorität als Polizeibeamter wurde untergraben und beschädigt.«

Die Frage ist, wie schlimm diese Verunglimpfung denn sein konnte, wenn der Polizist sich doch korrekt an die Dienstvorschriften gehalten hatte? Das heißt entweder, K. hat die Situation souverän gelöst, dann kann von Verunglimpfung nicht die Rede sein. Oder, falls nicht, ist es eher weniger klug von ihm, damit vor Gericht zu ziehen. Ein Schiedsgericht sprach dem Officer 1000 US-Dollar Schadenersatz zu plus 3000 US-Dollar Schmerzensgeld sowie 20 000 US-Dollar für seine Anwaltskosten. Der Grund: derartige Gags mit verstecktem Mikrofon sind illegal.

Wozu wurden eigentlich Waagen erfunden?

Nero B., 56, aus New York City ist kein wirklich »großer« Mann. Er misst gerade 1,55 Meter. Dafür wog er aber fast 123 Kilogramm. Er erklärt seine Beleibtheit damit, dass er vier bis fünf Tage die Woche Burger, Hühnchen und anderes Fast Food aus amerikanischen Restaurantketten esse. Er futterte auch dann noch fleißig fettes Essen, als er bereits einen Herzkasper hatte. Es dauerte nicht lange, dann bekam er einen zweiten Herzanfall und Diabetes. Er zählte aber immer noch nicht zwei und zwei zusammen und stellte vielleicht seine Nahrungsgewohnheiten um. Nein. »Sie haben mir nie erklärt, was ich esse!«, beschwerte sich B. ohne jedwede Ironie.

Vor vielen Jahren stellten die Fast-Food-Ketten Kunden, die danach verlangten, die Nährwerte ihrer Produkte, samt Fettanteil, zur Verfügung. All diejenigen, denen das ein bisschen peinlich gewesen wäre, konnten sich die entsprechenden Informationen auch auf den Websites der Ketten beschaffen. Nero B. hat sich offensichtlich nie die Mühe des einen oder anderen Weges gemacht. Alles, was er über Junkfood wusste, drückte er der *New York Times* gegenüber so aus: »McDonald's behauptet, das wären 100 Prozent Rindfleisch. Das klingt doch nicht ungesund. Und jetzt bin ich fett.« Sollten tatsächlich die Restaurantbetreiber verantwortlich für sein Versäumnis sein, sich darüber zu informieren, was er sich vier- bis fünfmal die Woche schmecken lässt? Selbstverständlich, meinte B.s Anwalt, Serge H.: »Das ist doch eine

Frage der Kundeninformation.« Die Restaurants, die »enorm profitieren«, haben eine »Pflicht«, ihre Kunden darüber aufzuklären, dass ihr Essen »gefährlich« sein kann. Vermutlich müsste das Servicepersonal der Restaurants angewiesen sein, Nero so lange festzuhalten, bis er die Informationstafel gelesen hat und bewiesen wäre, dass er sich den Inhalt auch verinnerlichen konnte. Die Klageschrift führt ins Feld, dass B. adipös sei, unter Diabetes leide, und das nicht etwa, weil er dafür verantwortlich sei, sondern die fiesen, hinterhältigen und auf reinen Profit ausgelegten Marketingaktionen und Rezepturen von McDonald's, Burger King, Wendy's, Kentucky Fried Chicken und Co.

Die Klage gegen die Restaurantketten wurde beim Obersten Gerichtshof von New York City eingereicht und beinhaltete eine unbezifferte Summe für Schadenersatz. Die Klageschrift wurde nicht allein im Namen von Nero B. eingereicht, sondern als Sammelklage stellvertretend für jeden übergewichtigen, kranken New Yorker, der sich mit Fast Food gemästet hatte. Fast Food, für das sie ins Restaurant gegangen sind, das sie bestellt und bezahlt hatten, das sie gegessen hatten – ohne dass sie jemand dazu gezwungen hätte. Die Klage besagte, dass es die Fast-Food-Restaurants allesamt versäumt hätten, die Inhaltsstoffe »ordentlich auszuweisen« und welche verbundenen »Risiken« beim täglichen Verzehr damit verbunden seien. Sie verkauften ihr extrem fettes, cholesterin-, natrium- und zuckerhaltiges Zeug, obwohl wissenschaftliche Studien relativ klar aufzeigen, dass eine Verbindung besteht zwischen exzessivem Verzehr von Fast Food und Fettsucht, Herzverfettung, Bluthochdruck, Schlaganfällen, Krebserkrankungen und Diabetes. Diese Studien konnten nicht allzu lange Zeit vor der Öffentlichkeit geheim gehalten werden. Trotzdem war B. schockiert (!), darüber zu entdecken, dass es gar nicht sooo gesund war, derartiges in den Mengen zu verputzen, wie er das gewohnt war. »Um diesen Fall zu gewinnen, muss er der Jury oder einem Richter schlüssig beweisen, dass die Menschen zu blöd sind, sich und ihre Kinder gesund – oder zumindest nicht krank machend – zu ernähren«, so drückte sich James D. aus, ein Sprecher der Gegenseite. »Wenn Leute derart blöd sind, sollte man ihnen dann erlauben zu wählen oder morgens zur Arbeit zu gehen?« Wenn B. diesen Fall gewinnt – dürfen sich die Amerikaner dann eigentlich ihr Mittagessen noch selbst aussuchen? Oder müssen sie eine Haftentbindungserklärung unterschreiben, bevor sie bestellen?

Was wie ein Witz klingt, ist weder lustig noch realitätsfremd. »B.s Klage trägt viel Potenzial in sich«, kommentierte der international bekannte Rechtswissenschaftler der George Washington University School of Law, Professor James Binzel, »obwohl wir durch die Klagen gegen die Tabakindustrie wissen, dass es für den, der den Anfang mit einer solchen Klage macht, schwierig ist, da die Öffentlichkeit sich erst an neue Gedankenkonzepte gewöhnen muss.« Andererseits konnten sich die Juristen mit einem neuen Gedankenkonzept nach dem anderen im Falle der Tabakindustrie recht gut durchsetzen. Letztendlich musste sie kräftig zahlen. Binzel würde Nero B. bei seiner Klage als Ratgeber zur Seite stehen. Binzel schleppt viele, oft bösartige Spitznamen mit sich herum. Unter anderem »der Flammenwerfer der Justiz«. Eventuell ist es ja wirklich so, dass die Junkfood-Industrie ihrem Essen Salz und andere schädliche Substanzen im Übermaß beimischt – so wie die Tabakhersteller ihre Kunden durch heimliche Zugabe von Nikotin an sich band.

B.s Fall zog schnell andere Fälle nach sich, obwohl dessen Klage bereits als Sammelklage angelegt war. Unter anderem die

Klage, bei dem es um einen 15-jährigen Jungen ging, der an die 200 Kilo wog und täglich bei McDonald's aß. In diesem Fall dauerte es allerdings nicht allzu lange, bis sie vom Gericht verworfen wurde. Richter Ronald S. urteilte, dass rechtliche Konsequenzen nicht »am Konsum von Hamburgern und anderen Fast-Food-Produkten festgemacht werden können. Außer, die Kläger sind sich der Gefahr beim Essen nicht bewusst.« Schönes Urteil, das allerdings nicht die Hauptfrage klärte. Leicht abgeändert kann diese Klage schnell wieder auf dem Richtertisch landen. Das ist sogar sehr wahrscheinlich. »Es gibt viele talentierte und entschlossene Anwälte, die wir nicht unterschätzen dürfen«, konstatierte der New Yorker Verbraucher-Anwalt Thomas Bezanson. Er war von Richter Ronald S.'s Urteil entzückt, weil dieses »so absolut korrekt« sei. Da »werden noch viele Mc-Klagen kommen«. Stimmt. Wie im Fall von Jane B. (1,82 Meter groß und 123 Kilogramm schwer) und Alex P. (1,40 Meter groß und 80 Kilogramm schwer), beide sehr jung und extrem übergewichtig. Janes Ernährung für jeden Tag: ein McMuffin zum Frühstück und ein Big-Mac-Menü zum Abendessen. Ihrer Freundin Alex schmeckten mehr die Happy Meals und sie aß bei McDonald's auch nur drei bis vier Mal die Woche. Janes Vater Immanuel B. sagte, er habe nie irgendeinen Hinweis in den McDonald's-Restaurants der Bronx gesehen, der ihn über den Inhalt des Essens informiert hätte. »Ich dachte, das Essen sei gesund für meine Kinder.« Man kann sich nur schwer zurückhalten mit dem Gedanken: »Hallo? Was willst du denn lesen? Schau dir doch einfach deine Tochter und deren Freundin an. Da ›liest‹ du alles, was man über ungesunde Ernährung wissen muss.« Nero B.s Klage vor Gericht wurde übrigens abgewiesen.

Drei gegen die Reinigung

Vincent Eastman ist besessen von schmutziger Wäsche. Wäsche von Frauen. Manchmal, sagt er, würden er und seine Kollegen frisch gereinigte Wäsche aus der Reinigung nehmen, in Dreck wälzen und wieder in die Reinigungsmaschinen stecken. Dafür bekam er die Bestnote von seinem Professor. »Na ja. Ich denke, wir haben diese Note verdient. Auch wenn das zunächst komisch klingen mag«, so Eastman. Stimmt. Andererseits hatten er und seine Kommilitonen damit ein landesweites Presse-Echo erzielt, die Landesregierung in ihren Fall mit einbezogen und die größte Reinigungskette der Vereinigten Staaten damit in Angst und Schrecken versetzt. Eastman studiert nachts. Tagsüber arbeitet er als Büroangestellter bei der Agency for International Development. Er und seine beiden Mitstudenten sind die Kläger bei Beschwerdefällen gegen 27 Reinigungsfirmen und gegen das International Fabricare Institute. Sie klagen zusammen mit einer lokalen Menschenrechtsorganisation. Das Trio nennt sich Cooperation Accusing Discriminatory Drycleaners, also »Kooperation gegen diskriminierende Reinigungen«. Die drei Kläger behaupten, dass Reinigungen eine die Geschlechter diskriminierende Preispolitik betreiben würden, da Frauen für die Reinigung ihrer Kleidung grundsätzlich mehr zahlen müssten als Männer. Die Gruppe war enorm erfolgreich mit ihren Klagen. Zunächst richteten sie ihre Beschwerden nur gegen zwei Reinigungen, die daraufhin in einer öffentlichen Erklärung und mit der offiziellen Unterzeichnung eines entsprechenden Dokumentes versprachen, nie mehr für die Reinigung von Damenhemden höhere Preise als für Herrenhemden zu verlangen. »Die Frauen hatten es satt, mehr zu bezahlen als Männer«, so die Kläger. Ihre Klage arbeitete das Trio zusammen mit ihrem Rechtsprofessor James Binzel aus und überreichte die

100-seitige Klageschrift an eine national operierende Menschenrechtsorganisation. Das Dokument bewies, dass zwei Dutzend Reinigungsfirmen über 200 Prozent höhere Preise für Damen- als für Herrenwäsche verlangten. Sogar für exakt die gleiche Wäsche. Brachten Männer ihr T-Shirt in die Reinigung, zahlten sie nur ein Viertel des Preises, wie wenn eine Frau dasselbe Shirt brachte. Die drei wurden überraschend zu einem Meeting mit einer Vereinigung der Reinigungsfirmen – zusammen mit der Korean Drycleaners Association – eingeladen. Diese verteidigten und rechtfertigten die unterschiedlichen Preise. Das Hauptargument sei die Hemdgröße, da diese bei Frauen meistens zu klein für die mechanische Presse wären, von denen einige schon seit den 50er-Jahren in Betrieb seien. »Größe ist aber eine unabänderbare, geschlechtsspezifische Eigenschaft. Und Diskriminierung wegen Merkmalen einer Rasse oder des Geschlechts ist illegal«, sagt Binzel. »Wenn die Hemden andere Charakteristiken hätten, wie Puffärmel, runde Kragen, Rüschen, was auch immer, ist das eine persönliche Entscheidung für ein Hemd und darf beim Reinigen mehr kosten.« Jin Ho Shan von *Royal Cleaners* und Iku Kwang von *Vogue*, beide koreanische Immigranten mit Reinigungsfirmen, sprechen schlecht Englisch und gaben nicht freiwillig zu, gegen das Recht zu verstoßen. Tatsächlich hofft deren Anwältin Silvia Park, jemand würde die Studentengruppe ein wenig bremsen. »Die beiden Reinigungsmänner haben überhaupt nicht die finanziellen Mittel, um einen Rechtsstreit zu überstehen. Das ist doch ein Kampf wie David gegen Goliath. Alles, was meine Mandanten wollen, ist, dass der Medienrummel um sie herum wieder verschwindet und sie ihr Leben wieder normal weiterführen können. Nichtsdestotrotz erklärte Professor Binzel während einer Pressekonferenz, seine Studentengruppe würde nun noch härtere Bandagen anlegen: »Die Reinigungsfirmen könnten ihre Lizenzen verlieren. Oder sie müssten eben den Frauen gratis die Wäsche reinigen. Für all die Jahre, in denen sie abgezockt wurden.«

»Ich liebe das, was die drei da tun«, freut sich Monroe Y., die Präsidentin einer nordamerikanischen Frauenrechtsorganisation. »Ein dreifaches Hurra. Ich würde ihnen gerne helfen, aber die machen das ja schon ganz alleine perfekt.« All das macht Eastman sehr glücklich. »Wir haben bewiesen, dass man mit juristischen Mitteln einen gesellschaftlichen Wandel herbeiführen kann. Das war meine allererste Aktion als Jurist und die Tatsache, dass diese so viele Auswirkungen auf das wirkliche Leben der Menschen hat, macht mich sehr zufrieden.« – »Wir möchten doch auch, dass unsere Studenten ein wenig Spaß haben«, fügt Prof. James F. Binzel dem hinzu. Im nächsten Semester wollen sich der Professor und seine Studenten die Friseure wegen diskriminierender Preise für Damenhaarschnitte vorknöpfen.

Hundsgemeine Suchaktion

Daniel und Ferry trafen sich auf einer befahrenen Straße. Ferry humpelte und war verwirrt, Daniel sah ihn vom Auto aus. Daniel ist ein 45-jähriger Mann aus Portland/Oregon, Ferry ein Schäferhund unbekannten Alters. Laut Aussage von Daniel war es Gottes Wille, dass sie sich begegneten. Also stieg er aus dem Auto aus und holte das verwirrte Tier zu sich. Als sie sich in die Augen blickten, wurde zumindest Daniel klar, dass ihre Begegnung kein Zufall, sondern Schicksal war. »Mein Leben würde ab diesem Zeitpunkt nicht mehr das gleiche sein«, wusste Daniel B. Ob Ferry ebenso dachte ist nicht gesichert. B. jedenfalls investierte über 4000 US-Dollar in die Gesundheit seines vierbeinigen Kumpels. »Die Leute hielten mich für verrückt«, erklär-

te Daniel, »aber hey – Gott wollte, dass ich ihn rette.« Da B.
auf einem Hausboot lebte, ließ er den Schäferhund nachts
bei seiner Freundin Ellis K. und holte ihn dann tagsüber ab,
um ihn mit ins Büro zu nehmen. »Er war 24 Stunden rund
um die Uhr mit einem von uns zusammen. Nur zu uns fand
er Vertrauen«, erklärte er, »anderen Menschen misstraute
er zutiefst.« Tatsächlich schnappte der Schäferhund nach
Fremden und ging diese aggressiv an. Trotzdem wollten Daniel und Ellis zusammen schön in ein Restaurant ausgehen.
Ohne Hund. Die Lösung dafür fand Daniel in einer Hundesitterin: Lena D. Er bezahlte ihr 30 US-Dollar für ihre Dienste im Voraus. Als sie nach ihrem Dinner nach Hause kamen,
fanden sie weder Sitter noch Schäferhund, sondern einen
Zettel: der Hund sei fort. »Er hatte sich durch die Fehlzün-
dung eines vorbeifahrenden Lastwagens erschreckt und ist
durch ein offenes Tor im Hof abgehauen«, behauptete Daniel B. Er startete eine Fahndungsaktion, wie sie die Welt
noch nicht gesehen hatte. Zumindest nicht für einen ent-
laufenen Hund. Statt eine Anzeige im Lokalblatt unter »Gesucht & Gefunden« zu schalten, buchte er eine Anzeigenflä-
che, damit er ein Bild des Schäferhundes schalten konnte. Er
bot 1000 US-Dollar Finderlohn. Er druckte Flyer und verteil-
te sie. Er schaltete eine extra Website für den Hund. Damit
nicht genug. Er überließ seine eigene Autowerkstatt sich
selbst, damit er sich ausschließlich der Suche seines Hundes widmen konnte. Er ließ sich seine private Rente ausbe-
zahlen, damit er über die finanziellen Mittel für die Suchak-
tion verfügte. Eigentlich hätte er seine Freundin Ellis K. um
ihre Hand anhalten und demnächst heiraten wollen. Den
Verlobungsring hatte er bereits am Halsband des Hundes
eingefädelt – damit dieser den Ring überbringen sollte. Der
Hund war fort – von Verlobung keine Rede mehr.

B. drehte ein bisschen durch:

Er heuerte einen Fährtensucher an, um die Spur des Hundes zu lesen. Der erklärte, der Hund sei vermutlich entführt worden.

Er beauftragte vier verschiedene Hunde-Medien, die wahrsagen sollten, wo Ferry sei, von welchen jeder zwar mit dem Hund »kommunizierte« und zwischen 50 und 100 US-Dollar kassierte, aber ihn nicht genau lokalisieren konnte.

Er engagierte eine Hexe, um den Hund herbeizu...hexen?

B. wurde fast verrückt. Er ließ dort, wo der Hund das letzte Mal gesehen wurde, die Hosen herunter und urinierte an verschiedenen Stellen – damit Ferry seine Fährte aufnehmen und dort auf ihn warten könne.

Am Tag 60 des Verschwindens hatte B. bereits um die 20 000 Dollar in die Suche nach Ferry gesteckt. Zu diesem Zeitpunkt berichtete der *Portland Oregonian* ausführlich über seinen Fall. Gleichzeitig spielte Daniel mit dem Gedanken, ein fünftes Hunde-Medium einzuschalten. Im Artikel der Zeitung war zu lesen, dass Daniel täglich weinte und er sein Esszimmer kaum mehr betreten konnte, da dies zu viele Erinnerungen an die gemeinsame Zeit mit seinem Hund weckte. Endlich, endlich brachte just dieser Artikel zwei Tage nach dessen Erscheinen den Hund zurück. Ein Leser gab den entscheidenden Hinweis. Daniel fand Ferry etwa zwei Meilen von der Stelle entfernt, wo er zum letzten Mal gesehen wurde. Dort streunte er knapp zwei Monate herum – von einer Entführung konnte also schon mal nicht die Rede sein. Ende gut, alles gut.

Halt! Die Klage! Die für dieses Buch relevante Geschichte geht an dieser Stelle erst los. Als der Hund wieder da war, musste schließlich ein Schuldiger gefunden werden. Immerhin hatte B. zwar den Hund wieder, war im Gegenzug aber jede Menge Geld losgeworden. Gegenüber der Zeitung sagte B., er müsse »jetzt erst mal sein Leben wieder auf die Reihe bekommen«. Das heißt, dass ein Dritter jetzt erstmal dafür tief in die Tasche greifen sollte, damit er sein Leben wieder auf die Reihe bekommt. Gene D., ein auf Haustierangelegenheiten spezialisierter Anwalt, war diesmal das wenig spirituelle Medium, auf das B. zurückgriff. Gene D. prahlte damit, noch 50 weitere tierische Fälle am Laufen zu haben – vom Vogel bis zum Alligator. Sein erstes Opfer war die Hundesitterin Lena D. aus deren Obhut Ferry entkam. 160 000 US-Dollar sollte Lena bezahlen:

– 20 000 US-Dollar für die Suche nach dem Hund,

– 30 000 US-Dollar dafür, dass Daniel sein Geschäft sausen lassen musste,

– 10 000 US-Dollar als Entschädigung für den zeitweiligen Verlust des treuen Freundes und dessen charakterliche Unterstützung

und vor allem

– 100 000 US-Dollar Schmerzensgeld und Wiedergutmachung.

»Ich habe einen Albtraum durchlebt!«, konstatierte Daniel B. »Gestern war der erste Tag seit Monaten, an dem ich nicht geweint habe. Gestern war die erste Nacht, in der ich nicht rausgegangen bin, um meinen Hund zu rufen.« Sein Anwalt gab bei einer Pressekonferenz (!) zu bedenken, dass es »Zeit ist, das Eigentum der Leute angemessen zu würdigen. Auch für einen Hundesitter. Es ist nicht das Gleiche, wie auf ein Auto aufzupassen.« Die unglückliche Hundesitterin holte sich zu ihrer Verteidigung auch anwaltliche Hilfe. Ihr wurde geraten, sich nicht zum Fall zu äußern. »Alles, was ich sagen kann, ist, dass sie lügen«, verriet sie gegenüber dem *Oregonian* bei einem Interview, »und sie die Medienpräsenz für sich nutzen.« In der Klageschrift wird ihr vorgeworfen, sich nicht an der Suche nach Ferry beteiligt zu haben. Sie setzte dem entgegen, sie habe »ab der ersten Minute« gesucht und sich »extra freigenommen von der Arbeit, um zu helfen«.

Menschen gehen oft eine sehr enge Bindung mit ihren Haustieren ein. Sie lieben ihre Tiere und tun alles für sie. Aus freiem Willen. Sie geben auch 20 000 US-Dollar aus freien Stücken für die Suche nach einem Hund aus. Und vernachlässigen dabei freiwillig ihre Existenzgrundlage. Mit diesen Konsequenzen muss man dann eben auch leben. Niemand zwang Daniel B. zu nichts von alldem – außer er sich selbst oder sein Gewissen. Schließlich war ihm bewusst, dass er einen sehr menschenscheuen Streuner aufgenommen hatte. Die Zeitung berichtete, Daniel habe nach dem Auffinden des Hundes eine Plakette an sein Halsband befestigt – damit er, falls er wieder abhaut, identifiziert werden könne. Späte Einsicht. Gut, der Mann hatte vielleicht wirklich seinen privaten Albtraum durchlebt. Aber wozu gibt er genau diesen und noch viel schlimmeren Albtraum an die Hundesitterin weiter, die auf seinen verstörten Köter aufpassen sollte? Weil Gott, der ihn mit dem Hund zusammenbrachte, das auch so wollte? Und warum gibt sich dann ein Idiot von einem Anwalt dazu her, genau diesen Albtraum abzuwälzen? Es gibt ziemlich genau 100 000 Gründe dafür.

James Schneider

Deanna Brown überstellte im Jahr 1998 ihren Vater kurzerhand in eine psychiatrische Klinik, um ihn wegen seiner

Schmerztabletten-Abhängigkeit kurieren zu lassen. Seitdem hegte der Vater, James Brown, besser bekannt als »Godfather of Soul«, einen ziemlichen Groll gegen seine Tochter und deren Schwester, Yamma Brown Lumar. Als er aus der Klinik entlassen wurde, schwor er vor Gott und der Presse, dass seine Töchter niemals mehr auch nur einen »Dime« von ihm sehen würden. Er blieb seinem Schwur treu. Die Schwestern mussten nun Geld von ihm einklagen. Prima Idee: Sie wären sowieso an den kreativen Prozessen ihres Vaters als Songwriter und Komponist beteiligt gewesen, wie beispielsweise an dem Hit »Get Up Offa That Thing«. Gut, zu diesem Zeitpunkt waren sie erst drei beziehungsweise sechs Jahre alt, aber die Kinder des »Godfather of Soul« sind eben die Kinder des »Godfather of Soul«. Viele Jahre später, im Jahr 2011, lange nach dem Tod des Sängers, gab Deanna Brown Thomas zu bedenken, dass es ihr extrem schwerfalle, ihr nahestehende Menschen mit Klagen zu belästigen, aber: Im Fokus hatte sie diesmal ein silbernes Cape, das sie vom ehemaligen Schneider-Ehepaar ihres Daddys zurückhaben wollte. Ein auf Maß gefertigtes Cape, das James Brown niemals angehabt hatte. Die Gibsons betrieben den Curtis & Marilyn's Custom Tailoring & Dressmaking Shop in Maple Heights. Curtis Gibson entwarf alle Outfits des Soulsängers. Von 1974 bis zu dessen Tod Weihnachten 2006. Es tat ihr wirklich leid, die Leute verklagen zu müssen, die derart eng mit ihrem Vater zusammengearbeitet hatten. Aber was will man machen, wenn man das silberne Cape gerne hätte? Klagen, bis man bekommt, was man will. »I feel good«, sagte sie, nachdem sie das Cape zurückbekommen hatte.

In der Lotterie verloren

Manche Menschen behaupten, Lotto zu spielen sei nichts anderes, als »Idiotensteuer zu bezahlen«. Die Regeln der

Statistik und Formeln der Wahrscheinlichkeitsrechnung geben jenen recht. Josep S. zahlte sehr viel Idiotensteuer. Für jede Ziehung der Buckeye 5 kaufte er sich zwischen 40 bis 50 Lose im Convenient Food Mart in Cleveland/Ohio. Er wollte unbedingt gewinnen, egal was es koste. Es kostete ihn jährlich – nach eigenen Angaben – satte 125 000 US-Dollar. Letztendlich schaffte er das Unmögliche oder zumindest Unwahrscheinliche: Nachdem er am 25. Oktober 2001 52 Lose – mit derselben Nummer – gekauft hatte, gewann er. Jedes Los 100 000 US-Dollar. Nur schade, dass die Lotteriegesellschaft dies anders sah, als er sich seinen Gewinn auszahlen lassen wollte. Sie wollte seine 52 Lose nicht kumulieren, was etwa 5,2 Millionen für Josep S. bedeutet hätte. Denn die Ausschüttung hätte ein Limit von genau 1 Million Dollar pro Nummer – egal, wie viele Lose derselben Nummer ausgegeben wurden. Und da es eigentlich 53 Lose für diese Ziehung gab, würde die Million durch 53 geteilt werden. Das heißt, Josep S. sollte nur 981 000 US-Dollar Gewinn zustehen. Die Enttäuschung war also 4 219 000 US-Dollar groß.

Wer trägt Schuld, dass Josep S. die Regeln der Lotterie nicht verstanden hatte? Rajid jedenfalls nicht. Sagte Rajid. Er ist der Besitzer des Convenient Food Mart und verkauft dort unter anderem die Lose der Buckeye-5-Lotterie. Er hätte S. eine Kopie der Regeln selbst ausgehändigt. Sein Anwalt Gery Seewald fügte hinzu: »Er, Josep S., hatte sich diese höchstpersönlich in die Hosentasche gesteckt.« Die Lotteriegesellschaft Ohio trifft auch keine Schuld. Davon war deren Sprecherin Melinda S. überzeugt. Das Regelwerk würde an alle Losverkäufer verteilt, wo diese für die Spieler gut sichtbar angebracht sind. Außerdem stünde ja alles auch haarklein auf der Website der Gesellschaft. Und auf den Losen noch dazu. Die Losverkäufer sind überhaupt nicht dazu verpflichtet, den Teilnehmern die Regeln als Kopie auszuhändigen, setzte Rajid noch einmal nach. Melinda S. fügte zu ihrer Verteidigung beziehungsweise der ihrer Lottogesellschaft hinzu, es sei durchaus üblich, dass ein Spieler zehn Lose kaufe, um dadurch möglicherweise die volle Million allein abzugreifen. »Aber als wir sahen, dass sich ein Spieler 52 Lose kaufte, langten wir uns schon an den Kopf«, sagte sie – zumindest sinngemäß. Rajids Anwalt Seewald nahm die Logik von Josep S. noch mehr in die Zange: »Auf jedem Los ist die maximale Gewinnsumme von 1 Million vermerkt. Betrachtet man dies zusammen mit den Tatsachen, dass es feste Regeln gibt, die ausgehändigt worden sind, und eine Website, auf der alles ganz genau beschrieben ist, macht die Lottogesellschaft eigentlich einen ganz guten Job mit der Verbreitung ihres Regelwerkes und muss auch nicht davon ausgehen, dass die Kunden verdammte Idioten sind.« Letzteres sagte er nicht sinngemäß, sondern wörtlich.

Josep S. sah das anders. Er fand die Kommunikation der Lotteriegesellschaft an ihre Kunden nicht ausreichend, dass es eine Höchstgewinnsumme gibt, und als offizieller Losverkäufer hätte Rajid ihn doch bitte schön aufklären müssen, dass es überhaupt keinen Sinn macht, mehr als zehn Lose der gleichen Nummer zu kaufen. Mithilfe seines Anwaltes Larry R. verklagte er den Einzel- und Loshändler Rajid auf 100 000 US-Dollar für jedes Los mit der Gewinnzahl, das durch die unterlassene Aufklärung für ihn wertlos geworden war. Die Lotteriegesellschaft wollte er natürlich auch nicht ungeschoren davonkommen lassen und verklagte sie wegen irreführender Werbung. Diese letztere Klage wurde vom zuständigen Gericht in Cleveland abgewiesen. S. will allerdings gegen die Klageabweisung des Gerichts Einspruch einlegen. Rajid hingegen verurteilte das Gericht zur Zahlung von 1,3 Millionen US-Dollar. Rajids Anwalt äußerte sich dazu: »Diese Summe wird Rajid buchstäblich in den Ruin treiben.« Auch Rajid, der Losverkäufer, will gegen das Urteil Einspruch einlegen. Der Grund: Wenn Losverkäufer mit Loskäufern konfrontiert werden, sollten sie Rajids Meinung nach nicht dazu verpflichtet sein zu überprüfen, ob jeder Käufer die Regeln auch wirklich durchschaut hat. Wo doch auf jedem einzelnen Los die Regeln nachzulesen sind. Er hätte Josep S. doch sogar noch extra eine Kopie der Regeln ausgehändigt ... und der hätte sie einfach ignoriert. Was hätte er denn noch machen sollen? Ihn festhalten und die Regeln so lange abfragen, bis er sie einwandfrei aufsagen könne?

An dieser Stelle muss man sich fragen, wer die Regeln hier nicht genau verstanden hatte. Hätte S. nur zehn Lose gekauft und wären diese zehn Lose die einzigen Gewinnerlose gewesen, hätte ihm für jedes Los 100 000 US-Dollar, unter dem Strich eine volle Million, zugestanden. So weit eine sehr einfache Rechnung. S. war aber nicht der einzige Gewinner. Er hatte nur 52 der 53 Lose mit der gleichen (Gewinn-)Nummer gekauft. Es gab noch einen Gewinner. Heißt, hätte ihn der Ladenbesitzer davon abgehalten, 52 Scheine zu kaufen und stattdessen nur zehn, wäre sein Gewinnanteil zehn von elf Anteilen an der Million – und das sind 909 090 US-Dollar. Er hatte aber 52 Anteile von 53 für die Million, und das sind 981 132 US-Dollar – satte 72 041 US-Dollar mehr. Ein Mann, der im Jahr 125 000 US-Dollar für eine Lotterie ausgibt, hat den Hauch eines professionellen Spielers und, nebenbei bemerkt, ziemlich viel Geld. Es drängt sich die Frage auf, wer jetzt wen einen »Idioten« nennen darf. S. verklagte Rajid, weil er ihn nicht davon abgehalten hatte, 72 041 Dollar *mehr* zu gewinnen. Das Gericht holte in der Revision offen-

sichtlich Zettel und Stift heraus, kam auf das gleiche Ergebnis und gab Rajid recht. Glück gehabt.

Barbie, die weiße »Bimbo«

Der eine oder andere aggressive Ohrwurm hätte es verdient,
vom Obersten Gerichtshof für Geschmacksfragen für immer vom Erdboden verbannt zu werden. Oder von den Da-
tenträgern. Zumindest, wenn es denn so ein Gericht geben
würde. Mit an erster Stelle stünde da »Barbie Girl« von der
dänischen Pop-Band Aqua. Herausgegeben wurde der Song
1997 von MCA Records auf dem Album *Aquarium*. Der Hit
stürmte weltweit die Charts, wurde allerorts bekannt, aufge-
legt und mitgesungen: »I'm a Barbie girl in my Barbie world /
Life in plastic, it's fantastic / You can brush my hair, undress
me everywhere / Imagination life is your creation.« Dieser
Text ist uns geläufig. Aber auch das, was zwei Strophen weiter unten im Songtext steht? »I'm a blond bimbo girl in a fan-
tasy world / Dress me up, make it tight, I'm your dolly / Kiss
me here, touch me there, hanky panky / You can touch, you
can play / You can say I'm always yours.«

»Blond bimbo girl« ist kein rassistisch gemeinter Unfug, sondern lässt sich als »Blonde Tussi« oder »Dumpfbacke« übersetzen. Der Text ist pieps-einfach zu merken und nichtsdestotrotz eindeutig zweideutig. Irgendwie schwingt auch
eine große Portion Ironie mit – und passt so überhaupt nicht
zum cleanen Image der mühsam und erfolgreich aufgebau-
ten »echten« Barbie-World des amerikanischen Spielzeug-
giganten Mattel. Mattel klagte gegen MCA Records wegen
Verstoßes gegen das Markenrecht. Der Vorwurf beinhaltete auch, dass die Plattenfirma den »guten Namen« der
Marke verunglimpfe und den Verbraucher verwirre und so
weiter und so fort. Um sich vor derartigen Vorwürfen und

Klagen im Vorfeld zu schützen, hatte MCA gleich einen Haftungsausschluss zusammen mit dem Song veröffentlicht. In dem steht, dass der Song »gesellschaftskritischen Inhalts« sei und »nicht vom Hersteller der Puppe stammt oder genehmigt wurde«. Das fand Mattel jedoch nicht ausreichend und ließ erklären, ein derartiger Disclaimer sei nicht geeignet, eine illegale Handlung zu legalisieren. Das Gericht entschied, dass *Aqua* tatsächlich die Marke verunglimpfe, dies aber als Satire zu verstehen sei und vom Recht auf freie Meinungsäußerung abgedeckt ist. Zum »cleanen« Image von Barbie ist noch hinzuzufügen: Die amerikanische Barbie ist ursprünglich eine Bordsteinschwalbe aus Deutschland mit dem Namen »Lilli« und war für jene Männer gedacht, die sich keine »echte Lilli« leisten konnten.

Ein amerikanischer Albtraum

Schön, wenn man sein Häuschen abbezahlt hat. Eine hypothekenfreie Immobilie kann man, damit an anderer Stelle Geld frei wird, belasten. Warum auch nicht. Eine Umschuldung war der Plan des Ehepaares Kositz. Dabei machten sie eine unschöne Entdeckung: Das Haus war zwar im letzten Jahr abbezahlt, dann wieder belastet worden – aber nicht von den Kositzes. Mit über 140 000 US-Dollar standen sie wieder in der Kreide. Ein echtes Desaster. Nach endlosen Verhandlungen und Treffen mit dem Kreditgeber H. Finance stellte sich heraus, dass die Schulden durch einen Betrüger zustande gekommen waren und nichts mit dem Ehepaar Kositz zu tun hatten. Die Kositzes atmeten auf und vergaßen die Angelegenheit. Bis sie zwei Jahre später, an Weihnachten, Besuch von einem Kurier erhielten. Der hatte eine Überraschung dabei: eine Klage von H. Finance. Wegen Fahrlässigkeit. Weil sie H. Finance nicht früher über den Betrug informierten. Sämtliche Kosten, die daraus entstanden sind,

seien von ihnen zu tragen: 74 000 US-Dollar plus Anwaltskosten. Da schauten die Kositzes nicht schlecht. Wie hätten
sie H. Finance denn bitte früher informieren sollen – sie wussten ja selbst nicht, dass ihr Konto von fremder Hand geplün-
dert worden war. Hätten sie das früher gewusst, dann wären sie mit Sicherheit sofort aktiv geworden. Sie hatten nicht
den Hauch einer Ahnung, dass das Finanzhaus einem fingier-
ten Adresswechsel zugestimmt hatte, hinter dem ein Betrüger steckte. Sie erhielten weder Abrechnungen noch Scheck-
buch noch einen anderen Bescheid des Instituts – wenn also
irgendjemand die Schuld trug, dann am allerwenigsten die
Kositzes. Fanden zumindest die Kositzes. Zumal sie zwei Jahre vorher Ewigkeiten damit verbracht hatten, genau dieses
Thema mit der Bank zu erörtern. Ziemlich außer sich wandte
sich das Ehepaar an die Rechtsspezialistin für betrügerische
Verbrechen May J. Mit bemerkenswerter Überzeugungskraft
gelang es May J., H. Finance zu überzeugen, die Klage fallen zu lassen. Sie erwirkte sogar eine Entschuldigung für »die
Unannehmlichkeiten, die dem Ehepaar entstanden sind«. Allerdings nahm das Unternehmen die Klageschrift nur »unter
Vorbehalt« zurück, sodass sie jederzeit das Recht behielten,
die Klage neu einzureichen. Der Anwalt des Kreditinstituts
nahm dazu keine Stellung. Im Laufe der Zeit waren bei den
Kositzes um die 5000 US-Dollar Anwaltskosten aufgelau-
fen – ganz abgesehen von der Zeit und den Nerven, die sie
der Betrug gekostet hatte. Fortan konnten sie sich nicht mehr
so richtig entspannen und die Angelegenheit wirklich ein für
alle Mal vergessen.

Harry Potter und die Mordssauerei

An genau dieser Stelle könnte eine langatmige Einleitung
darüber stehen, wie erfolgreich J.K. Rowling mit ihrem Harry Potter war beziehungsweise ist und welche Rekorde sie

gebrochen hat. Ich muss auch zugeben, dass ich mir jedes Mal, wenn ich den monetären Besitzstandsvergleich mit der Queen höre, einen Euro Schmerzensgeld wünsche. Vielleicht wäre ich dann nicht so reich wie die beiden Britinnen – aber mit Sicherheit viel reicher als jetzt. Jedenfalls, ab zur verrückten Klage – mit einer ganz anderen Einleitung. Der amerikanische Verlag für die Harry-Potter-Bücher heißt Scholastic Inc. Für den fünften Band, *Harry Potter und der Orden des Phoenix*, ließ der Verlag stolze 8,5 Millionen Exemplare der Erstauflage drucken. Um die Auflage auch wirklich loszuwerden, unterstützte der Verlag den Verkauf mit einer fast 4 Millionen schweren Werbekampagne. Anders als sonst üblich, gab es keine Vorab- und Rezensionsexemplare für die Presse. Alles war zugespitzt auf den Tag beziehungsweise die Nacht des offiziellen Abverkauf-Starts, den 21. Juni 2003 um exakt 0.01 Uhr. Der Verlag wollte damit maximale Kontrolle über jedes Fitzelchen Werbung erlangen.

Der Plan war clever und ging auch fast auf. Wäre da nicht ein kleines Reformhaus gewesen, das eine winzige Buchabteilung betrieb und ganze vier Bände bestellt hatte. Der Besitzer wusste nichts von einem Stichtag am 21. Juni 2003 um 0.01 Uhr. Niemand hatte ihm Bescheid gesagt. Er stellte die vier Bücher in sein Schaufenster. Wie, fragt man sich, konnte er als einziger Buchhändler weit und breit nichts davon wissen? Die Antwort ist einfach: Normalerweise stand der entsprechende Hinweis groß und breit auf den Umverpackungen der Harry-Potter-Bücher. Bei der Menge von vier Büchern wurden diese aber offensichtlich zuvor aus jenem Karton genommen, da die kleinsten Gebinde nur zehn Exemplare enthielten. Wer bestellt denn auch nur vier Bücher des neuen Harry-Potter-Romans? – Ein Ökoladen. Wie dem auch sei. Ausgerechnet ein Reporter der *New York Dai-*

ly News sah die Bücher stehen. Er witterte einen mords-
mäßigen Scoop[7] und kaufte sofort eines der Bücher. Am
18. Juni, also zwei Tage vor der offiziellen und inoffiziellen
Erscheinung, brachte die *New York Daily News* eine Buch-
rezension mit einer kurzen Zusammenfassung der Handlung heraus. Fairerweise druckte die Zeitung vor der Story
einen Warnhinweis an die Leser: »Wenn Sie nichts darüber wissen möchten, wie es Harry Potter seinen Freunden
in ihrem fünften Jahr auf der Schule für Hexerei und Zau-
berkunst geht, dann hören Sie hier auf zu lesen und warten
bis Sonnabend, wenn das Buch offiziell erscheint.« Der Artikel erschien zusammen mit einem Bild, auf dem zwei der
800 Buchseiten abgebildet waren. Eine Mordssauerei fand
dies der Scholastic Verlag, dem mit dieser »unfairen« Aktion ein sauberer Strich durch die Rechnung gemacht wurde.
Noch am Erscheinungstag des Artikels verklagten der Verlag
und Rowling die Zeitung. Wegen dieses himmelschreienden
Hochverrats und Beschädigung der Urheberrechte J. K. Row-
lings. Weiterhin hätte die Zeitung »Rowling ihrer Rechte und
Verdienste an ihrem geistigen Eigentum beraubt«. Und der
Artikel hätte »der millionenschweren und gut durchdach-
ten Marketingstrategie einen irreparablen Schaden zuge-
fügt.« Der Verlag und Rowling hätten »hart dafür gearbeitet,
um sicherzugehen, dass weder Teile der Handlung noch der
Charaktere des Romans vor der offiziellen Veröffentlichung
durchsickern«.

Gut. Mal abgesehen davon, dass Rowling selbst durchsickern ließ, dass einer der Hauptcharaktere »sterben wird«.
Um es kurz zu machen: Die Zeitung habe also absichtlich
die Überraschung kaputt gemacht und sollte sich was schä-

---

7 Einen echten Medienknüller, den ein Journalist durch Recherche oder Zufall
entdeckt.

men! Wie genau das Schämen auszusehen hätte, stand auch in der Klageschrift. Nämlich eine 100 Millionen US-Dollar teure Eselsmütze plus sämtliche Einnahmen, die der Zeitungsverlag aus diesem Artikel gewonnen hat und gewinnen sollte. Huffelpuff-peng. Nun muss man sagen, dass so ein Vertragsgebilde – oder auch Embargo –, wie es der Verlag für den Buchhandel vorgeschrieben hatte, kein allgemein rechtskräftiges Gebilde ist. Die Buchhändler standen aber hinter der Aktion. Sie wollten davon natürlicherweise profitieren und hatten gar keinen Grund, das Embargo zu unterlaufen. Nur: Der Zeitungsverlag ist an solch eine Abmachung natürlich überhaupt nicht gebunden. Das verbietet schon allein das Gesetz der Pressefreiheit, und dagegen kann weder der Verlag noch irgendein Autor der Welt klagen. Bliebe noch das kleine Reformhaus mit Buchabteilung. Einen winzigen Ökoladen auf 100 Millionen zu verklagen, ist natürlich ein Witz. In dieser Hinsicht wäre es nahezu egal, ob der Besitzer einen Vertrag gebrochen hätte oder nicht, willentlich oder fahrlässig – es lohnte sich nicht und hätte nur für schlechte Presse gesorgt.

Apropos: Man darf auch nicht außer Acht lassen, dass der Verlag durch den Artikel und den dadurch entstandenen Presserummel eine sensationelle Publicity quasi geschenkt bekam. Obwohl ein Überraschungsei für alle Harry-Potter-Fans geplatzt ist. Denn die Zeitung bildete den Artikel auch auf ihrer Webseite ab. Wie ging die Sache aus? Die Scholastic Inc. und J. K. Rowling ließen die Klagen einfach fallen.

Frohnbuchhaltung

Laut »Xyzpages.com« sind in den Vereinigten Staaten derzeit 152 Männer mit dem Namen Mike Example registriert.

Ein Mike Example war Zeitungsjunge beim *Hartford Courant*, einer Zeitung aus dem Bundesstaat Connecticut. Die Zeitung gehört zur Tribune Company in Chicago. Es gab auch einen Baseballspieler, der auf den Namen Mike Example hörte und fünf Jahre jünger als sein Namensvetter ist. Dieser Example spielte für die Chicago Cubs, die ebenfalls der Tribune Company gehören. Eines schönen Tages im Jahr 2003 verwechselte die Lohnbuchhaltung die beiden Herren und überwies das Gehalt des Spitzensportlers auf das Konto des Zeitungsausträgers. Satte 301 000 US-Dollar fand der verblüffte Mann auf seinem Konto. Fünf Wochen später bemerkte die Firma ihren Fehler. Der normalerweise nicht allzu gut entlohnte Mann ahnte, dass dies nur ein Irrtum sein konnte, und rührte das Geld nicht an. Er kooperierte mit seinem Arbeitgeber und hatte nichts dagegen, dass der Pitcher sein rechtmäßiges Gehalt bekam. Nur die Überweisung der letzten 26 000 US-Dollar stoppte der Mann aus reiner Vorsicht. Er wollte sichergehen, dass er nicht eventuell Steuern nachzahlen müsse, und verlangte dafür von der Tribune Company eine feste Zusage. Schließlich wollte er nicht für den Fehler des Konzerns bezahlen. »Ich möchte nur Auskunft von der Buchhaltung, dass keine Steuernachzahlung auf mich zukommt. Ich hätte auch das Geld nehmen und abhauen können. Stattdessen habe ich im schlimmsten Winter in Connecticut fünfmal mein Leben riskiert, damit alle meine Abonnenten ihre Zeitung gekommen«, erklärte der Zeitungsjunge. Außerdem glaubte er, sein Gehalt wäre entsprechend auf das Konto des Baseball-Stars eingezahlt worden. Alles, was er verlangte, sei eine »korrekte Buchhaltung« gewesen und die Sicherheit, dass er keinen Nachteil erleiden würde durch einen Fehler, für den er nichts konnte. Die Tribune Company fand wenig Gefallen daran, von einem Zeitungsjungen gemaßregelt zu werden. Statt die Sache vernünftig mit dem Mitarbeiter zu klären und aus der Welt zu schaffen, verklagte der Konzern den Mann und wollte die Herausgabe des Restbetrages gerichtlich erzwingen. »Wir wollen Herrn Example weder in Verlegenheit bringen noch unangemessen hart eingreifen«, stellte der Firmenanwalt klar, »wir wollen einfach unser Geld zurück.« Der Zeitungsbote schaltete nun auch auf stur und bestand darauf, dass er erst dann zahlen würde, wenn alle Unkosten geklärt seien – auch die für seine Anwaltskosten. Die Tribune Company verlängerte dafür den Arbeitsvertrag von Mike nicht – ohne weitere Gründe außer der Klage zu nennen. Das Jahresgehalt des Zeitungsausträgers: 28 000 US-Dollar.

5,9-Milliarden-Klage gegen einen Blumenhändler

Der Staat Mississippi ist für seine mitfühlende Jury bekannt. Nirgendwo sonst in den Staaten werden derartig hohe Summen an Kläger ausbezahlt. Über diesen Umstand berichtete der Fernsehsender CBS TV in seinem Magazin *60 Minutes*. Ein Zeuge, der Blumenhändler Jean M., aus Jefferson County sagte in der Sendung aus, dass Juroren Summen zusprachen, »als hätten sie selbst etwas davon«. Morris N., der Reporter des Senders, traute seinen Ohren nicht und hakte nach: »Wollen Sie damit sagen, dass die Juroren Geld für ihre Entscheidungen bekommen?« – »Yes, Sir. Wenn alles vorbei ist, kassieren sie«, bestätigte der Mann, »unter der Hand natürlich.« Der Mann bezog sich dabei weder auf einen konkreten Fall noch spezifizierte er Mitglieder einer Jury. Zwei der vielen Tausend Menschen, die bereits in der Jury des Jefferson County saßen, waren mit dieser Aussage überhaupt nicht einverstanden. Einer der beiden, Abraham B., war an einem Fall beteiligt, bei dem es um Asbestverseuchung ging. Es waren 150 Millionen US-Dollar zur Auszahlung gekommen. Der andere, Jason D., war Jurymitglied im Fall eines

Medikamentes, das vom Markt genommen wurde und bei dem die gleiche Summe verhandelt wurde. Die beiden Herren strengten einen Prozess gegen CBS und einen anderen Publizisten an, der in das gleiche Horn gestoßen hatte. »Verleumderisch, beleidigend und diffamierend« seien diese Behauptungen »gegenüber der gesamten Jury von Jefferson County«. Sie verlangten 597 Millionen US-Dollar Schadenersatz und 5,9 Milliarden (!) Bußgeld. Der Publizist setzte dem trocken entgegen: »Das bestätigt exakt das, was ich gesagt und geschrieben habe.« Der Blumenmann Jean M. jedoch »fiel um« und behauptete später, er hätte nur einen Witz gemacht und dachte, die Kamera wäre bereits abgeschaltet. Die Klage wurde überdies abgewiesen.

Tut's endlich weh?

Chrissi E. aus Seattle spendierte ihren Freunden eine Runde Burger. Leider platzte ihr Scheck und das Restaurant gab den Fall an ein Inkassounternehmen weiter. Von diesem Unternehmen, dem Associated Credit Service (ACS), bekam Wendy bald darauf Post. Sie überwies schleunigst die schuldig gebliebene Summe plus 40 US-Dollar Bearbeitungsgebühr. Chrissi wollte keinen Ärger, zahlte und sah die Sache als erledigt an. Einige Monate später wurde ihr mitgeteilt, dass eine Klage gegen sie erhoben wurde. Ihre Schulden waren, laut Anklageschrift, zwar getilgt, ihre Überweisung ging aber erst zwei Tage nach Ablauf der Frist ein, weswegen sie zur Zahlung von 18 Cent Zinsen verklagt wurde. Zusätzlich zu den 18 Cent sollte sie noch Bearbeitungsgebühren und Anwaltskosten von über 311 US-Dollar bezahlen. »Da kommt wohl was ins Rollen«, sagte die Rechtsgehilfin, die viele Anwälte kannte, und suchte sich einen für ihren Fall aus. Rechtsanwältin Amanda Lee schrieb einen Brief an ACS. Als dieser sich daraufhin nicht meldete, erhob sie Gegenklage. »Wenn man einmal sein Geld erhalten hat, fehlt die Grundlage für eine Klage. Weswegen soll man denn dann klagen?«, so Lee. Aber die Inkassofirma wich kein Jota von ihrer Klage ab. Die Sache landete vor der Richterin Eileen Kato. Diese legte fest, dass ACS gegen die Regeln des Verbraucherschutzes verstoßen hatte, und wies deren Klage ab. Sie verurteilte ACS zur Zahlung von 500 US-Dollar Schadenersatz an Chrissi und zur Kostenübernahme für deren Anwältin Amanda L. Diese errechnete 36 Stunden Arbeitsaufwand und kam auf Kosten von 7 000 US-Dollar. »Die 500 US-Dollar sind einem Inkassounternehmen wie ACS völlig egal. Aber bei 7 000 Dollar sollten sie eventuell – für zukünftige Fälle und andere Klagen über 18 Cent – ins Nachdenken kommen«, mutmaßte die Anwältin.

Zu blöd, um schuld zu sein

Dean D. war ein hervorragender Footballspieler. Als Linebacker eines sehr erfolgreichen Footballteams der NFL verhalf er seiner Mannschaft zu vielen Siegen und stellte eine Menge persönlicher Rekorde auf. In seiner ersten Saison steckte er zehnmal die gegnerischen Quarterbacks in den Sack, in der nächsten Saison konnte er sogar doppelt so oft als Sieger hervorgehen. Wenn man ihn fragte, wie er das anstellt, antwortete er immer grinsend: »Speed kills.« Er war ein guter Mensch. Der Gesellschaft, die ihn erfolgreich machte, versuchte er etwas zurückzugeben. Zum Beispiel sammelte er in der Kabine bei seinen Teamkollegen Geld für Spenden an Bedürftige. »Meistens kam er dann in mein Büro und fragte mich, was unser Verein wohl bereit wäre zu geben«, erinnerte sich Pete C., der Präsident des Teams. »Dann verhandelten wir über die Höhe der Spende. Dean liebte es, zu handeln. Nachdem wir eine Summe ausgehandelt hatten, sagte er jedes Mal: ›Okay Vater, jetzt wissen wir, wie viel unser Team gibt. Was gibst du dazu?‹« Der Klub-Präsident selbst sah in Dean den Sohn, den er niemals hatte. Deans Vater fiel in Vietnam. Dean wusste, wie es war, als Halbwaise aufzuwachsen. Er verbrachte deswegen viel Zeit mit Kindern, half ihnen beim Lesenlernen und Ähnlichem, damit sie auf das Leben vorbereitet wären. Einmal wurde er während eines Spieles wahnsinnig wütend, geriet außer Rand und Band und wurde vom Platz gestellt. Während der folgenden Pressekonferenz schob er die Schuld nicht auf die Gegenspieler, sondern nutzte die Gelegenheit, Kinder, die zu ihm aufsahen, vor derartigen Wutausbrüchen zu warnen. Er war, was das anging, ein Sportidol, wie es im Buche steht. Im Januar 2000 fuhr Dean D. mit seinem dicken SUV auf der Interstate 435 in Kansas City durch einen Schneesturm. Die Straßen waren teilweise vereist und Augenzeugen gaben an, er sei viel zu schnell gefahren. Dean verlor die Kontrolle über den Wagen und überschlug sich. Deans Freund und Assistent, Michael Tellis, wurde aus dem SUV geschleudert und verunglückte tödlich. Auch Dean wurde aus dem Auto geschleudert. Er rutschte in den Gegenverkehr und verletzte sich schwer. Eine Woche nach dem Unfall verstarb er an einer Thrombose. Ein dritter Passagier, der einzige, der angeschnallt war, überlebte nahezu unverletzt. Der Sportreporter Mick R. schrieb: »Verdammt, Dean, du hattest alles, Mann. Wenn du nur ein bisschen langsamer unterwegs gewesen wärest!«

Oder den Sicherheitsgurt angelegt hättest.

Nicht nur er starb deswegen, weil er keinen Sicherheitsgurt angelegt hatte, sondern auch sein bester Freund. So sahen es die meisten. Nur nicht seine Mutter, Erika M. Sie behauptete, ihr Sohn sei deswegen gestorben, weil der Dachrahmen des schweren Autos nicht stabil genug sei, um dem hohen Gewicht bei einem Überschlag standzuhalten. Das Dach wäre knapp 25 Zentimeter eingedrückt worden und hätte sein Genick gebrochen. Erika M. selbst, Deans Angehörige und die fünf Mütter seiner sieben Kinder reichten Klage ein: gegen das Ambulanzunternehmen, ein weiteres gemeinnütziges Ambulanzunternehmen, das D. am Unfallort Erste Hilfe geleistet hatte, gegen General Motors (GM) sowie gegen den Autohändler, der den SUV verkauft hatte. Der Anwalt der Klägerschaft, Paul C., brachte vor dem Gerichtshof in Jackson County die Argumente gegen das fahrlässige Tötungsdelikt vor. Gegen GM, weil das Autodach eine Fehlkonstruktion sei, und gegen die Sanitäter wegen fahrlässigen Handelns. Gegen welches Gesetz hätte aber der Autohändler verstoßen sollen, der Dean den Wagen verkauft hatte? Im Laufe der Verhandlung zeichneten sich folgende Fakten ab: Die Trägersäulenstandards wurden vom Autohersteller nicht nur eingehalten, sondern mehr als ausreichend erfüllt. Experten rekonstruierten den Unfall und kamen zu dem Ergebnis, dass Dean D. aus dem Fenster geschleudert worden war, bevor der Wagen auf dem Dach landete. Er hätte danach nicht mal mehr durch das Fenster gepasst. Es gab weder Blutspuren im Wagen noch andere Beweise dafür, dass Dean sich das Genick im Wagen gebrochen hatte. Die Verletzung zog er sich zu, als er viele Meter über die Gegenfahrbahn geschleudert wurde. Ein Ingenieur errechnete, dass Dean mit einer Geschwindigkeit von 100 bis 120 Stundenkilometern unterwegs war, als er die Kontrolle über das Auto verlor. Die Höchstgeschwindigkeitsbegrenzung lag auf dieser Strecke bei 110 Stundenkilometern. Allerdings war der Footballstar auf eisiger Fahrbahn in einem Schneesturm unterwegs. Der Anwalt der Kläger errechnete zwar nur eine Geschwindigkeit von rund 90 Stundenkilometern – was angesichts der Wetterlage immer noch ungeheuer schnell gewesen wäre.

Noch bevor die Verhandlung begann, zahlte das gemeinnützige Rettungsunternehmen 100 000 US-Dollar an die Kläger und wurde von deren Liste gestrichen. Auch der SUV-Händler zahlte lieber, um dem Prozess zu entgehen. Wie viel, ist nicht bekannt.

In seinem Abschlussplädoyer bat der Anwalt der Familie die Jury eingehend, die gemeinnützige Arbeit des Sportlers zu bedenken. Er erinnerte sie an die sieben Kinder Deans: »Wie ist es, wenn man ohne Daddy aufwächst?« Laut einem Gerichtsreporter flüsterte der Anwalt nur mehr, als er das Strafmaß beantragte: »Mindestens 75, vielleicht auch 100 Millionen US-Dollar oder mehr, um die Grenze nach oben offen zu lassen.« Jener Anwalt ist eine Art Spezialist für Unfälle mit Überschlag. Drei Verfahren gegen General Motors hatte er bis dahin schon übernommen – und alle gewonnen. Im Gegenzug erinnerte der Anwalt des Autoherstellers die Jury daran, dass Dean viel zu schnell gefahren war und den Sicherheitsgurt nicht angelegt hatte, Dean bereits aus dem Auto geschleudert worden war, bevor das Dach einknickte, und diese Dachkonstruktion außerdem den gängigen Standards entsprochen habe. »General Motors hat absolut nichts falsch gemacht. Dean war als Einziger weit und breit mit einer derart hohen Geschwindigkeit im Schneesturm unterwegs.« So weit die Beweislage. Nach zwei Tagen Beratung kam die Jury zu einem Urteil. Speed kills: Dean allein hätte den Unfall zu verantworten. GM träfe noch nicht mal eine Teilschuld. Die Abstimmung erfolgte im Verhältnis zehn zu zwei gegen Deans Mutter und Angehörige, wobei eine Zweidrittelmehrheit bei Zivilprozessen im Staat Missouri bereits genügt.

Die traurige Geschichte des Jack Ass

Sunny C. war bereits 39 Jahre alt, als er beschloss, sich an das zuständige Amt in Hot Springs/Montana zu wenden, um seinen Namen ändern zu lassen. Das Amt, in diesem Fall ein Gericht, stimmte seinem Antrag zu, und fortan durfte er sich so einprägsam nennen, wie er wollte: Jack Ass. Idiot. Drei Jahre später ging MTV mit gleichnamigem Format auf Sendung. Sämtliche männliche Zuschauer schienen von den albernen Witzen und saublöden Stunts der Truppe begeistert. Viele Schwachköpfe ahmten die Stunts, entgegen aller Warnungen, zu Hause nach oder erfanden eigene Ideen, mit denen sie die Produzenten der Show beeindrucken wollten, verletzten sich dabei mehr oder minder schwer und zogen vor Gericht. Nur Jack Ass war nicht die Art Jackass wie all die anderen ... Ärsche? Ihn interessierten alberne Stunts überhaupt nicht. Wenn er nicht gerade seinem Job als Elektriker für Hochspannungsleitungen nachging, setzte er sich für seine Organisation Hearts Across America ein, die für Alkoholprävention und den Verzicht auf Alkohol für junge Autofahrer einstand. »Be a smart Ass, not a dump Ass«, was so viel heißt wie »Sei ein Schlauberger und keine Dumpfbacke«. Nach sieben Jahren, sagte Ass, hatte er in etwa 100 000 US-Dollar in seine Kampagne investiert. Offensichtlich kam MTV´s *Jackass* ihm dabei in die Quere. Er klagte, dass die Show, die seinen Namen trägt, mit ihren unverantwortlichen Inhalten seine Marke beschädige, seinen Namen plagiiere und seine Copyrights verletze. Über zwei Jahre habe er versucht, einen mutigen Anwalt zu finden, der ihm bei seinem Kampf gegen MTV helfen würde. Er fand keinen, also gab er die Suche auf und klagte selbst gegen Viacom, den Konzern, dem sowohl MTV als auch Paramount Pictures gehört, die den Kinofilm *Jackass: The Movie* produzierten. »Über sieben Jahre habe ich mich für dieses Projekt engagiert, all mein Geld, das mir gehörte, hineingesteckt und dazu noch Geld, das mir nicht gehört«, beklagte sich Ass. »Ich habe viel Geld, physische und psychische Arbeit investiert, ich habe über ein Jahr im Auto geschlafen. All das tat ich, um die Aufmerksamkeit der Medien zu erreichen und einen Anwalt für meine Sache zu gewinnen. Der Jackass-Film hat über 50 Millionen US-Dollar eingespielt und ich bin dafür, dass ein Teil davon an meine Aktion Hearts Across America gehen sollte. Im Januar ging die Sache vor das zuständige Gericht. Innerhalb einer Frist von wenigen Monaten wies der Richter die Klage ab.[8]

Keine Tricks im Kasino

Esther R. aus Troy/Michigan fand ein 5-Cent-Stück, einen »Nickel«, im Ausgabeschacht eines anscheinend unbeaufsichtigten Spielautomaten des MotorCity-Kasinos in Detroit. Sie nahm die Münze und steckte sie in den Schlitz, um ihr Glück zu versuchen. Der Spielautomat war aber leider nicht unbeobachtet, sodass ein Sicherheitsmann des Kasinos kam und Esther in ihrem Vorhaben stoppte. Die Regeln der meisten Kasinos schreiben vor, dass Spieler keine fremden Gewinne beziehungsweise fremdes Geld anfassen dürfen, außer, was sie auf dem Fußboden finden. Der Sicherheitsmann und die 73-jährige Dame gerieten darüber, was als Nächstes passieren wird, in einen unschönen Zwist miteinander. Später behauptete Esther, sie wäre wegen 5 Cent des Hauses verwiesen worden und verklagte daraufhin das Kasino auf Schadenersatz und Verletzung ihrer Persönlichkeitsrechte auf 100 000 US-Dollar. Ein Mediator empfahl dem Kasino, 17 009,50 US-Dollar an die Dame zu bezahlen. 5 Cent plus 9 Dollar für die Busfahrkarte zum Kasino plus

---

8   Das Traurige: Völlig am Ende mit seinen Kräften, pleite und seelisch schwer erkrankt, schoss sich Jack Ass mit seiner Schrotflinte in den Kopf.

17 000 Dollar für die Demütigung und den Ärger, den sie hatte. Beide Parteien lehnten den Vorschlag dankend ab, und so ging die Sache vor das Gericht. Wie die Sache für die beiden »Spielernaturen« wohl ausging? Gut für Esther R.: Der Seniorin wurden vom Richter 875 000 US-Dollar zugesprochen. Der Sprecher der Juroren begründete das Urteil ungefähr so: »Damit die vom Kasino endlich lernen, dass ihre Gestapo-Methoden in diesem Land so nicht funktionieren.«

Frau Lena und die 5,6 Millionen Dollar

Lena O. spielte gerne Lotto. Sie war 94 Jahre alt und geistig topfit, als sie am 4. September 2004 bei der Megabucks-Lotterie 5,6 Millionen US-Dollar gewann. Die Regeln der Lotteriegesellschaft aus Massachusetts besagen, dass Gewinne innerhalb von 20 Jahren ausbezahlt werden müssen. »Im März werde ich 95, sagt Ihnen das was?«, bemerkte sie gegenüber einem Reporter, der sie interviewte. »95 Jahre. Damit dürfte klar sein, dass ich keine 20 Jahre mehr leben werde.« Stimmt. Mit der Hilfe ihres Anwalts Jack D. klagte sie den vollen Betrag zur sofortigen Auszahlung gegenüber der Lotteriegesellschaft ein. »Ihr sind 20 Jahre lang eine jährliche Netto-Auszahlung von 198 639 US-Dollar garantiert«, setzte der Chef der Lotteriegesellschaft entgegen. In Bezug auf ihr hohes Alter bemerkte er, dass sämtliche Auszahlungen nach ihrem Tode an ihre Erben oder, falls vorhanden, Hinterbliebenen gingen. »Ich hätte aber gerne mein Geld. Ich habe es gewonnen und kann damit tun, was ich will. Ich denke, ich habe ein Recht darauf. Sie haben schließlich mein Geld auch genommen. Ich kann nicht verstehen, warum Sie mir mein Geld nicht geben. Ich habe noch viel damit vor«, forderte Lena O. die Lotteriegesellschaft auf. Sie warnte auch zugleich davor, dass sie, falls sie den Fall verlieren sollte, in Revision gehen würde. »Es ist schlimm, wie Sie mich behandeln, einfach schlimm.« Als Zugeständnis zu ihrem Alter beschleunigte das Gericht das Verfahren. Trotzdem gab die Richterin D. der Lotteriegesellschaft recht: Die Gewinne werden nun mal innerhalb von 20 Jahren als Rente ausbezahlt. Es gäbe keinen rechtlichen Grund, an diesen Regeln nicht festzuhalten. Schließlich wisse kein Lottogewinner dieser Welt, wann er sterben würde – unabhängig von dessen Alter. Wäre die Lotteriegesellschaft dazu verurteilt worden, 5,6 Millionen US-Dollar sofort auszubezahlen, wäre sie, mehr oder weniger schnell, pleitegegangen. Für Lena O. wäre es kein Problem gewesen, eine Bank zu finden, die ihr die volle Höhe des Gewinnes zu hervorragenden Konditionen als Kredit gegeben hätte.

Klage am Hintern

Ron E. musste aufs Klo. Und ihm war schwindlig. Er suchte und fand ein stilles Örtchen bei HD, einem Ausstattungsladen für Wohnung und Werkzeug. Ron ließ sich erleichtert und erleichternd nieder. Was er nicht wusste: Scherzkekse hatten zuvor die Klobrille mit Sekundenkleber präpariert. Sein Hintern und die Brille verschmolzen zu einer unpassenden Einheit. Dies war der Beginn einer leidenschaftlichen Auseinandersetzung, die vier Jahre anhielt. Vor Gericht. Ron E. rief um Hilfe – niemand half ihm, da seine Hilferufe wiederum für einen Witz gehalten wurden. Ron bekam Schiss. Er nahm seine Herztabletten ein, während er dasaß und wartete. Endlich rief ein Kunde die Notrufnummer 911. Die Sanitäter befreiten Ron samt der Klobrille an seinem Hinterteil und brachten das Duo in die Klinik. Die Operation stellte sich als nicht unkompliziert heraus, derweil die Sanitäter dem armen Ron die Brille bereits während des Transportes ziemlich vom Hintern gerissen hatten. Das war 2003. Ron klagt seither über Diabetes und Schlaflosigkeit, worunter er seit dem unschönen Ereignis leide. Außerdem durchlebe er ständig aufs Neue diesen Albtraum und fühlte sich sowohl körperlich als auch seelisch als Wrack. Schuld daran hätte die Fahrlässigkeit und unterlassene Hilfeleistung der Mitarbeiter von HD. Sie hätten ihm weder angeboten, seine Behandlungskosten zu übernehmen, noch die Rechnung für die Sanitäter oder die Kosten der Notaufnahme und -operation zu bezahlen. Mit läppischen 2000 US-Dollar wollten sie ihn abspeisen, was laut Ron einer Beleidigung gleichkäme. Er verklagte HD auf eine Schadenersatzzahlung von 2 Millionen US-Dollar. Vielleicht hätte er lieber doch die 2000 Dollar annehmen sollen. Ein Richter wies den Fall ab, da HD nicht für den gemeinen Streich verantwortlich gemacht werden könne.

Gegen Helden klagen

Es war ein regnerischer Tag an jenem 14. Oktober 2004, als Elton N., der mit seiner 75-jährigen Schwiegermutter Babette C. unterwegs war, versuchte, am Saybrook Point einzuparken. Als der Wagen nach vorne rollte, rutschte Elton von der Bremse und beförderte das schwere Auto in das 16 Grad Celsius kalte, extrem trübe Wasser des Connecticut River. Es dauerte eine knappe halbe Stunde, bis die beherzten Einsatzkräfte von Polizei und Feuerwehr die alte Dame aus dem Wasser retten konnten. Zu diesem Zeitpunkt war bereits kein Puls mehr bei ihr vorhanden. Sie trug aufgrund des Sauerstoffmangels irreparable Gehirnschäden davon. Während des Transports ins Krankenhaus konnten die Rettungskräfte erfolgreiche Wiederbelebungsversuche durchführen. Die Patientin wurde dann direkt mit dem Rettungshubschrauber zum Yale-New Haven Hospital geflogen, wo sie drei Tage an der Herz-Lungen-Maschine hing, bevor sie wieder selbstständig atmen konnte. Einige Wochen nach dem Unfall wurden die Polizisten und Feuerwehrmänner, die an der Rettung beteiligt waren, für ihren gefährlichen und mutigen Einsatz von der Stadt mit Tapferkeitsmedaillen ausgezeichnet. Acht Monate nach dem Unfall verklagte die Familie von Babette C. die Stadt, den Stadtratsvorsitzenden, den Polizeichef und den Schwiegersohn Elton N. Nicht, dass es etwas Neues wäre, dass Unfallopfer oder deren Hinterbliebene Schuldige mit tiefen Taschen suchen. Dem Stadtratsvorsitzenden und dem Polizeichef fehlten nichtsdestotrotz die Worte. In der Klageschrift hieß es, der Unfall wäre nie passiert, wenn die Stadt an der Unglückstelle Beton-Absperrungen aufgestellt hätte. Außerdem wären die Rettungskräfte bei ihrem Einsatz nicht schnell genug gewesen. Babette C. wäre bei Weitem nicht so lange unter Wasser – und ohne Sauerstoffversorgung im Gehirn – geblieben, wenn die Stadtverwaltung ein Spezialistenteam mit geschulten Tauchern für solche Fälle bereitgehalten hätte. Der Architekt und Bauingenieur, der den Saybrook Point Park und dessen Parkplätze entworfen hatte, wäre eventuell auch auf die Liste der Angeklagten zu setzen. Karen Hauser, die Tochter von Babette C., war die Hauptklägerin. Allen voran war sie es, die behauptete, ihre Mutter würde nur wegen des Unfalles in einem Pflegeheim wohnen und an Demenz leiden. Vier Jahre nach der Klageerhebung konnte man sich außergerichtlich mit den Angeklagten einigen. Der Familie wurden nach zähen Verhandlungen statt 1 Million US-Dollar nur 870 000 US-Dollar bezahlt. Weitere Kommentare, ließ die Familie über ihren Anwalt an die Presse ausrichten, gäbe es keine.

Eine dicke Lippe riskiert?

Mimi P. aus Vancouver/Washington entschloss sich im Jahr 2005 zu einer Liposuktion. Ihr Fett wollte sie sich von einem Facharzt absaugen lassen und griff daher zum Telefonbuch. Der Arzt, ein Dermatologe, führte den Eingriff durch, obwohl er kein plastischer Chirurg war. Mimi, die den Arzt selbst ausgesucht hatte, war sich dieser Tatsache nicht bewusst – oder es war ihr egal. Nach der Operation kam es jedenfalls zu Komplikationen. Mimi reichte Klage ein. Aber nicht gegen den Arzt, sondern absurderweise gegen die Telefongesellschaft, in deren Telefonbuch sie den offensichtlich wenig qualifizierten Arzt gefunden hatte.

Wirklich verrückt ist, dass Mimi P. mit ihrer Klage durchkam. Und warum? Sie bekam 1,2 Millionen US-Dollar Schadenersatz zugesprochen, zuzüglich 375 000 US-Dollar für ihren Ehemann, weil der die ehelichen Dienste mit ihr nun nicht mehr in Anspruch nehmen konnte oder wollte.

Echt vogelwild

Rose S. verklagte das Gartencenter Lowe's Home Center wegen eines Vogels, der sie angegriffen und so verletzt hatte, dass sie ihre »kognitiven Fähigkeiten« verloren habe. Sie reichte ihre Klage beim Madison County Circuit Court am 12. April 2005 ein und behauptete darin, der Angriff des wilden Vogels, direkt vor dem Laden, hätte ihr Verletzungen am Kopf, im Nacken, am Gehirn, an Muskeln, Bändern und Nerven sowie verschiedene Bandscheibenvorfälle verursacht. Rose S. behauptete weiterhin, die Vögel seien gefährlich und es sei verantwortungslos, diese auf dem Grundstück des Centers zu dulden. Man beziehungsweise der Betreiber des Gartencenters hätte die Vögel und besonders diesen Vogel davon abhalten müssen, auf dem Grundstück herumzufliegen. Ihr Anwalt fügte dem noch hinzu, dass Mitarbeiter des Lowe's Home Center die Vögel »kontrollieren«, indem sie Futter, Beeren und Samen an die Vögel in ihrem Gartenbereich fütterten. Lowe's Anwalt verteidigte das Unternehmen, indem er erklärte, dass sein Klient nicht Vögel füttere, sondern diese sich eben in einem Gartencenter an dem bedienen, was es in einem Gartencenter ohnehin gibt: Pflanzen, Beeren, Samen und Wasser. Sollte dieser Umstand den Tatbestand der Fahrlässigkeit erfüllen, hätte dies fatale Folgen für sämtliche Landbesitzer, die ihre Besucher und Passanten dann schützen müssten: Zum Beispiel vor Eichhörnchen, Vögeln oder irgendwelchen anderen Tieren, die sich an deren Pflanzen bedienen. Es sei auch völliger Unsinn, dass Lowe's Home Center Rose S. vor den Vögeln oder dem Vogel hätte warnen müssen, da es nicht vorhersehbar war, dass ein Wildvogel ihren Hinterkopf angreifen würde. »Nicht ein einziger Kunde oder Angestellter im Lowe's Home Center in Fairview Hights wurde jemals von einem Vogel angegriffen oder verletzt.« Der US-District-Richter stimmte Lowe's Antrag auf Klageabweisung zu. Er begründete seine Entscheidung mit den Worten: »Selbst wenn man davon ausgehen sollte, dass Vögel potenziell gefährlich sein könnten, muss man eben damit rechnen, dort, wo Pflanzen wachsen, irgendwie in Kontakt mit ihnen zu kommen.«

Toll gemacht

Barnard Lorence of Stuart aus Florida schaffte es aus eigener Kraft, sein Konto zu überziehen. Als seine Bank dafür Gebühren erhob, klagte er wegen »Stress, Schmerzen und Schlaflosigkeit«, die ihm diese Gebühren zufügen würden. Deshalb klage er nicht nur auf einige Hunderttausend US-Dollar, da »dies ja nur ein Klaps aufs Handgelenk« wäre, sondern auf einen Streitwert von 2 Millionen, weil dies »richtige Prügel« seien. Das Gericht schmetterte die Klage ab.

Auf den Keks gegangen: Der berühmte Durango-Konflikt

Der Knatsch, den sich zwei Teenager und ihre Nachbarin aus Südwest-Colorado durch ein paar selbst gebackene Kekse eingefangen hatten, geisterte wochenlang durch die nordamerikanische Presse. Bis hin zu erfolgreichen Spendenaufrufen für die Kids. Für Bert und Hannah Smith hingegen entwickelte sich die Sache zum Albtraum. »Massenweise Anrufe und Tonnen von Hass-Mails machen uns das Leben zur Hölle«, sagte Bert Smith in einem Telefoninterview. Die Geschichte begann im Juli 2005, als Tamara O., 17, und Linda L., 16, beschlossen, Schokoladenchips und Kekse für ihre Nachbarn zu backen. Sie verteilten die Kekse mit roten und pinkfarbenen Papierherzen, auf die sie »Wir wünschen eine Gute Nacht« geschrieben hatten. Sie unterzeichneten mit ihren Initialen: »Liebe Grüße vom T-und-L-Club«. Der Ärger begann, als sie zum Haus der Smiths kamen. Hannah L. Smith, 49, sagte aus, sie hätte spätabends jemanden an die Tür klopfen hören, sah aber nur irgendwelche Schatten an der Tür, die ihr keine Antwort gaben. Die Mädchen erklärten ihr Schweigen später damit, dass die Kekse ja schließlich eine Überraschung hätten sein sollen. Die verängstigte Mrs Smith schlief diese Nacht bei ihrer Schwester, am nächsten Morgen, immer noch vor Angst zitternd und mit einem flauen Magen, ging sie der Vorsicht halber ins Krankenhaus. Die Smiths behaupteten zunächst, sie wollten keinen Streit. Die Teenager boten Mrs Smith sogar an, die Arztkosten zu übernehmen. Schließlich zogen es die Smiths vor, doch zu klagen und sich 900 US-Dollar per gerichtlichem Beschluss für die Behandlung zusichern zu lassen. Als sich die Geschichte herumgesprochen hatte, sammelte der örtliche Radiosender KOA genügend Geld für die Mädchen, damit diese die Strafe zahlen konnten. Die beiden wurden vom Sender nach Denver eingeladen, um den Scheck aus den Spenden abzuholen. Sie waren bei verschiedenen nationalen Fernsehsendern zu Gast und eine Keksfirma stellte den zweien zu Ehren extra einen »Liebenswürdigkeitskeks« her. Für die Smiths lief die Sache ein wenig anders. Weniger-schön-anders. »Es ist einfach furchtbar, dass sich niemand für unsere Version interessierte«, beklagte sich Bert Smith und fügte hinzu, dass sie sogar einen Anwalt hinzuziehen mussten. »Ich glaube nicht, dass die Mädchen wollten, dass das alles so kommt. Aber sie hätten es vermeiden können, wenn sie nach dem Gerichtstermin einfach nur die Klappe gehalten hätten. Jetzt sind sie in etwas hineingeraten, das sie nicht mehr kontrollieren können.« Die Familie von Tamara erlangte per einstweiliger Verfügung gegen Bert Smith, dass dieser keinen Telefonterror mehr betreiben dürfte. Er gab zu, die O.s. – nachdem er hörte, dass die Mädchen mit der Presse sprachen – angerufen zu haben, um ihnen klarzumachen, dass er nun andere Seiten aufziehen würde. Sein letztes Wort: »Unser Zuhause ist nicht mehr das, was es einmal für mich war. Wir sitzen hier wie auf glühenden Kohlen.«

Das Elend mit den göttlichen Kräften

Klageschriften, Verteidigungsschreiben und Urteile sind meist mühsam zu lesen, selten lustig und immer in Amtssprache verfasst. Die Verteidigungsschrift zu Christopher Rollers Anklage gegen den Zauberer David Copperfield beziehungsweise dessen Firma David Copperfield's Disappearing Inc., hebt sich da nur in einem Punkt ab: Sie ist unglaublich absurd. Zumindest in Auszügen. Urteilen Sie selbst: Der Ankläger äußerte sich in seiner zweiten Klage so: »Das ist ein Déjà-vu. Es sieht alles so aus wie bei meiner ersten Klage gegen David Copperfield, als ich ihn verklagte, weil er meine göttlichen Kräfte für seine magischen Tricks benutzte.« Klar,

beide Fälle wurden wegen der fehlenden Beweislast abgewiesen. Aus den Gerichtsakten lässt sich entnehmen, dass
Roller klagt wie kein zweiter. Hier seine »schönsten« Klagen,
welche die Anwälte Copperfields gegen die Glaubwürdigkeit
Rollers verwendeten:

– Der Kläger tritt 2008 zusammen mit Bill Gates als dessen Vizepräsident zur Präsidentschaftswahl der Vereinigten Staaten an.

– Der Kläger ist Jesus Christus und/oder Gott.

– Katie Couric und Celine Dion sind die rechtmäßigen Ehe-
  frauen des Klägers, die seine Kinder zur Welt bringen
  werden.

– In Kürze wird ein Film über das Leben des Klägers pro-
  duziert und veröffentlicht. Er selbst wird in diesem durch
  den Schauspieler Tom Hanks dargestellt.

– Der Kläger hat all seine Feinde bereits getötet.

– Der Kläger wird auf magische Art 1 000 000 Kinder zeugen.

– Der Kläger verfügt über übernatürliche Kräfte.

– Christopher Roller gegen Central Intelligence Agency
  (07-01298) – Der Kläger beschuldigte die CIA, sein Leben ruiniert zu haben, da sie unterließ, andere darüber zu
  informieren, dass er Gott sei.

– Christopher Roller vs. Angel Productions, Inc. (07-
  01297) – Der Kläger beschuldigte Criss Angel, seine
  göttlichen Kräfte entwendet zu haben.

- Christopher Roller vs. The James Randi Educational Foundation, Inc. (07-01296 & 06-04702) – Der Kläger beschuldigte James Randi wegen der vorsätzlichen Patentrechtsverletzung seiner göttlichen Kräfte.

- Christopher Roller vs. Department of Veterans Affairs Minneapolis Medical Center (06-00529) – Der Kläger verklagte diese zur Zahlung von 1 Milliarde US-Dollar Schadenersatz. Diese hätten behauptet, er sei geisteskrank, und die Mafia eingeschaltet, um seine Fähigkeiten, seinem Job als Präsident der Vereinigten Staaten nachzugehen, zu zerstören.

- Christopher Roller vs. George Bush Administration et al. (05-2177) – Der Kläger beschuldigte Präsident Bush und andere des Komplotts gegen sein göttliches Dasein und darüber hinaus, die Attentate des 11. Septembers geplant zu haben.

- Christopher Roller vs. Bossa Entertainment Corp. and Magician David Blaine (05- 01112) – Der Kläger beschuldigte David Blaine wegen Patentrechtsverletzung seiner göttlichen Kräfte.

An dieser Stelle verlassen wir die Klageschriften der Anwälte David Copperfields. Es sei aber noch kurz erwähnt, dass die Anträge Rollers beim Patentamt, endlich seine »göttlichen Kräfte« anzuerkennen – und es waren nicht wenige Anträge, wir kennen Roller ja mittlerweile – allesamt scheiterten.

Immer Ärger mit dem Hörnchen

Mary M. verklagte den Betreiber eines in einem Park gelegenen Einkaufszentrums auf Schadenersatz und Schmerzens-

geld, weil sie dort von einem Eichhörnchen angegriffen worden war. Die W. Corporation »erlaubte es dem Eichhörnchen,
sich auf dem Betriebsgelände aufzuhalten, ungeachtet der
Tatsache, dass es schon früher durch Angriffe und Aggres-
sionen gegenüber Kunden auffällig wurde«, beschwerte sich
Mary M. in ihrer Klage, die sie im Cook-County-Bezirksge-
richt einreichte. Das Serientäter-Eichhörnchen sprang angeblich M.s Bein an, als sie im Old-Orchard-Open-Air-Shopping-
Center in Skokie/Illinois an einem Grasstreifen entlangging.
»Als die Klägerin verzweifelt versuchte, das Eichhörnchen abzuwehren, fiel sie hin und erlitt dadurch schwere Verletzungen«, heißt es in der Klage. M. behauptete außerdem, dass
die Angestellten des Centers das Eichhörnchen »ermutigten,
sich auf dem Gelände herumzutreiben, indem sie es fütterten und pflegten«. Bei ihrer Klage bezieht sie sich allerdings
nicht auf das »Gesetz zur Haltung von Tieren«, das die Haft-
barkeit des Besitzers eines Tieres gegenüber Angriffen auf
Dritte ohne Provokation regelt. Sie bezieht sich auf das allgemeingültige Gesetz der Aufsichtspflicht, indem ein Grund-
stückseigner, obwohl er nicht ausdrücklich Tiere hält oder
beherbergt, trotzdem wegen eventueller bösartiger Neigun-
gen derer haftbar gemacht werden kann. Die W. Corporation »wusste oder hätte durch die tägliche Pflege des Grundstücks wissen müssen, dass es sich hier um ein Eichhörnchen
handelt, das Kunden belästigt und attackiert«. Mindestens
50 000 US-Dollar verlangt M. als Wiedergutmachung. »Kann
sich irgendjemand vorstellen, dass wir wegen Anstiftung eines Eichhörnchens zu einer Straftat verklagt werden?«, fragten sich ein leitender Angestellter des Shoppingcenters, sein
Anwalt und die Öffentlichkeit. Angeklagt ja. Verurteilt – eher
nicht. Ebenso wie im Fall der Dame, die von einem Vogel attackiert wurde und versuchte, den Ladenbesitzer zu verklagen,
wurde auch dieser Fall vom Gericht abgewiesen.

Die große amerikanische Unterhosenklage

Im Jahr 2005 brachte Ron Patterson, Amtsrichter aus Washington D.C., eine Unterhose zu einer Reinigung in seiner Nachbarschaft. Als er die Unterhose, die 10 Dollar und 50 Cent gekostet hatte, abholen wollte, fanden die Betreiber der Reinigung, Lii und Lin Lang, das gute Stück nicht sofort. Die Unterhose, die sie ihm nach einer Weile brachten, erkannte Richter Patterson sofort als eine fremde Hose und nicht die seinige. Er weigerte sich, das Angebot der Reinigungsleute anzunehmen, ihm die Hose durch Erstattung des Kaufpreises zu ersetzen, da ein am Laden angebrachtes Schild »Zufriedenheit garantiert« versprach. Und er war nicht zufrieden. Patterson verklagte die Eigentümer der Reinigung, das Schild hätte ihn getäuscht: Zwischen 54 und 67 Millionen US-Dollar Schadenersatz, 2 Millionen US-Dollar Schmerzensgeld für das seelische Leid, das er ertragen musste, mit eingerechnet. Er bot, ohne einen Hauch von Ironie, eine außergerichtliche Einigung für 12 000 US-Dollar Abfindung an. »Noch nie zuvor in der gesamten Gerichtsschreibung hat eine Gruppe von Angeklagten eine derartig irreführende und unfaire Geschäftspraxis an den Tag gelegt«, so Amtsrichter Patterson. Der Gerichtsreport der *ABC News* hat ausgerechnet, dass Richter Patterson sich für 67 Millionen US-Dollar exakt 84 115 neue Unterhosen im Wert von genau 800 Dollar pro Stück hätte kaufen können. 800 US-Dollar ist der Wert, den er für seine Unterwäsche in den Gerichtsunterlagen angegeben hatte. Wenn man diese Unterhosen aufeinanderstapeln würde, wäre der Berg höher als der Mount Everest, würde man sie nebeneinander auslegen, ergäbe das eine Unterhosenstrecke von nicht weniger als 80 Kilometern. Dieser Fall von Schadenersatzklage ist der Grund, warum »die Leute in Amerika jetzt Angst voreinander haben«, äußerte sich ein prominenter Gerichtsexperte gegenüber *ABC News.* »Genau das ist der Fall, warum Lehrer kein weinendes Kind mehr in den Arm nehmen, Ärzte unsinnige Tests durchführen und Politiker sich nicht mit Wählern treffen. Sie haben den Glauben an die Gerechtigkeit verloren. Das ändert unsere Kultur.« Das eigentlich Schlimme an diesem Fall aber ist, dass die aberwitzige Summe von 67 Millionen US-Dollar vor Gericht nicht als aberwitzige Abfindung und Streitsumme für eine Verbraucherschutzklage angesehen wird, und sich ein Richter offensichtlich eine derartige Wichtigkeit seiner Person beimessen und herausnehmen kann. Während des Prozesses sprach die Richterin ihrem klagenden Richterkollegen Patterson ein vernünftiges Urteilsvermögen zwar ab und urteilte »keine Ausgleichszahlung oder dergleichen«. Doch irgendwie kam diese Entscheidung zu spät. Der größte Verlierer dieses Prozesses war wohl das amerikanische Rechtssystem. Denn der Fall zog Prozessbeobachter und Reporter aus der ganzen Welt an, um über diese lächerliche Klage zu berichten. Obwohl die Richterin die Klage angewidert abgewiesen hatte und ihren Kollegen zur Zahlung verschiedener Gebühren sowie von Schadenersatz an die Familie Lang verurteilte, ließ der mittlerweile vom Dienst suspendierte und nun ehemalige Richter Patterson ein »Nein« nicht gelten und ging zum Gegenangriff über. Er legte Berufung gegen das Urteil ein. Zeit und Geld waren schließlich nicht sein Problem – sondern nur das der Familie Lang. Das Ergebnis der Berufung ist derzeit noch nicht bekannt.

Wer Geld hat, muss schuld sein

Ein Rasenmäherhersteller legte Beschwerde gegen ein 2 Millionen-US-Dollar-Schadenersatz-Urteil ein. Mit der Begründung, das Urteil wäre nicht aus sachlichen Gründen und klaren Fakten, sondern aus reiner Sympathie gegenüber der klagenden Partei gefällt worden. Am Ende eines wochenlangen Prozesses im Juni 2006 beschloss eine Jury in Roanoke/North Carolina, dass der Rasenmäherhersteller M. Products verantwortlich für den Tod des vierjährigen Joaquin S. sei. Das Kind kam 2004 ums Leben, als ihn ein fahrbarer Rasenmäher überrollte. Das Gericht verurteilte den Rasenmäherhersteller zur Zahlung von je einer halben Million US-Dollar an Joaquins Eltern und 1 Million an Joaquins jüngeren Bruder Joe. Zur Begründung des Urteils gab die Jury bekannt, dass sie damit ein Zeichen gegen die Rasenmäherindustrie und deren Sicherheitsvorkehrungen setzen wollte. Der Anwalt des Rasenmäherherstellers, Ernst N., attackierte das Urteil von drei Seiten: Erstens, argumentierte er, die vorliegenden Beweise des Prozesses wären nicht ausreichend gewesen, um dieses Urteil zu unterstützen. Die Anwälte der Kläger verließen sich auf ein Expertenurteil, welches besagte, M. Products hätte das Unglück verhindern können, wenn der Fahrer des Traktors gewusst hätte, dass sich die Klingen des Mähers weiterhin drehen, wenn dieser im Leerlauf rückwärts rollt. Wird der Mäher jedoch im Rückwärtsgang gefahren, sind die Klingen automatisch arretiert. Ernst N. führte aus, dass keinerlei Beweise dafür eingebracht worden waren, ob und wie M. Products Rasenmäher anders hätte konstruieren können. »Eine andere Rasenmäher-Konstruktion ist nicht allein deswegen möglich, weil ein Experte das sagt.« Zweitens, zeigte der Anwalt auf, die 1 Million US-Dollar, die dem kleinen Bruder des Unfallopfers zugesprochen war, der zum Zeitpunkt des Unfalls ein Jahr alt war, sei völlig überhöht und ein Beweis dafür, dass die Jury aus Sympathie urteilte. Drittens, fügte er hinzu, hätten die Anwälte der Familie S. mit den Anwälten der Besitzer des Rasenmähers konspiriert, um M. Products als »den Bösen« aussehen zu lassen. Der Anwalt der Familie S. stritt dies ab: »Es hat keinerlei Absprachen gegeben.« Weder seine Mandanten noch die Besitzer des Rasenmähers hätten bisher über irgendwelche Abfindungssummen gesprochen noch welche erhalten. Nebenbei stellte er beim zuständigen Richter den Antrag, die Summe, sobald von der Jury festgelegt, sofort zur Zahlung freizugeben.

Der Unfall passierte auf dem Grundstück der Familie R., die eine Kindertagesbetreuung unterhalten. Als Ken R. am 22. April 2004 seinen Rasen mähte, spielt Joaquin im Garten. Berta R., die auf Joaquin, seinen Bruder und zwei andere Kinder aufpasste, ging ins Haus, um Joes Windeln zu wechseln. Wenige Momente später hörte sie ihren Mann schreien. Als er versuchte, an einem Abhang zu mähen, rollte er rückwärts und überfuhr Joaquin.

Ursprünglich verklagten Joaquins Eltern sowohl die R.s als auch den Rasenmäherhersteller M. Products auf 6 Millionen US-Dollar. Doch als die Beweisführung beim Prozess zum Abschluss kam, hatte die Familie S. plötzlich das Ehepaar Berta und Ken R. von der Liste der Beklagten gestrichen. M. Products war als einziger Beschuldigter geblieben. Während der Verhandlung bat Richter W., ihm eine Antwort auf eine hypothetische Frage zu geben: »Wenn ein Richter 1 Million Abfindung für ein einjähriges Kind als stark überhöht betrachtet, was könnte der Richter anderes tun, als einen neuen Prozess zu beantragen, um eine neue Schadenersatzsumme festzulegen?« Anwalt Ernst N. gab die Antwort: Ja, der ganze Fall müsste neu aufgerollt werden. Richter W. gab sein Urteil an diesem Tag nicht bekannt. Er wollte seine Meinung schriftlich äußern. Sein Urteil zog die Aufmerksamkeit vieler Juristen in den gesamten USA auf sich: »Dieses 2-Millionen-Urteil wird direkt an die Verbraucher weitergegeben«, sagte ein Sprecher vom Amerikanischen Wirtschaftsinstitut für Verbraucherforschung. »Wenn man den Hersteller für einen Bedienungsfehler bestraft, ist alles, was man damit erreicht, eine Steigerung der Herstellungskosten. Die werden dann eben an den Verbraucher weitergegeben.« Das Urteil gegen M. Products schien ihm nicht allzu skandalös – im Vergleich zu anderen ähnlichen Fällen, urteilte der Universitätsprofessor für Recht, Jason Turkley. »In diesem Fall befand die Jury, dass M. Products den Rasenmäher einfach sicherer hätte konstruieren müssen. Wenn dessen Bauweise nicht gegen vorhersehbare Anwendungsfehler schützt, ist der Mäher eben unbrauchbar.« Es ist nicht bewiesen, dass die Familie R., die den schlimmen Unfall verursachte, oder deren Anwälte gemeinsame Sache mit den Eltern des verunglückten Jungen machte. Bewiesen ist, dass der Hersteller eines Rasenmähertraktors, der in seiner Natur als solcher eben gefährlich ist, bezahlen musste.

Außer Rand und Band

Richard C. ist FBI-Agent. Er war gerade in einer wichtigen Ermittlung gegen den Crazy Man Too Stripclub unterwegs, als die Feuerwehr ihn am 29. Januar 2005 besinnungslos und mit einem Blutalkoholspiegel von 3,06 Promille aus seinem brennenden Pickup retten musste. Sein Chevrolet Silverado krachte im Nordwesten von Las Vegas über einen Randstein, fing erst an zu qualmen und dann schließlich Feuer, nachdem der Motor über eine sehr lange Zeit auf Hochtouren lief, wie der Polizeibericht feststellte. Die Polizei fand zudem eine leere Flasche Rum auf dem Beifahrersitz und eine 9-Millimeter-Pistole der Marke SIG Sauer in der Fahrerkabine. Der 41-jährige C. wurde der Trunkenheit am Steuer beschuldigt und wegen Rauchvergiftung ins University Medical Center gebracht. Das Bezirksgericht Las Vegas verurteilte ihn später zu 30 Tagen Haft auf Bewährung und zu 48 Stunden gemeinnütziger Arbeit. Während seines Prozesses ließen seine Anwälte ausrichten, dass er die volle Verantwortung für sein Verhalten übernehmen möchte. »Auch Beamten im öffentlichen Dienst machen Fehler«, sagte sein Anwalt Greg Baker. »Gerade von ihnen erwarten wir, dass sie für ihre Fehler geradestehen und diese in Zukunft vermeiden. Genau das ist in diesem Fall geschehen.«

Zwei Wochen später verklagte FBI-Agent C. General Motors und Ben H., den Chevrolet-Händler, der ihm den Pickup verkauft hatte. Er beantragte 33 000 US-Dollar für die medizinische Behandlung und fast 11 000 US-Dollar für das ihm entgangene Gehalt. In seiner Klage behauptet C., er hätte am Straßenrand angehalten und den Motor laufen lassen, um kurz zu telefonieren. Irgendwie hätte er »dann das Bewusstsein verloren« und der Truck »in dieser Zeit im Fahrerhaus starken Rauch entwickelt«. Weder die Anwälte C.s noch er selbst, GM oder der Händler waren gegenüber der Presse zu irgendwelchen Statements bereit. Sämtliche Anrufe blieben unbeantwortet. Seine Klageschrift reichte C. genau sechs Wochen ein, nachdem er selbst eine brisante Anklageschrift erhielt: Er und seine Frau Terry, eine Sekretärin, ebenfalls beim FBI angestellt, wurden des gemeinschaftlichen Bankraubes angeklagt. In den Akten zum Banküberfall sagten beide aus, sie hätten mehr als eine halbe Million Schulden.

Richard C. verdiente nach 20 Jahren Dienst beim FBI um die 102 000 US-Dollar im Jahr. Im Mai 2005 war er aus dem Haus seiner Familie ausgezogen, im Januar des darauffolgenden Jahres reichte seine Frau die Scheidung ein. Laut Polizeibericht war Richard C. in einen Vorfall in Suncoast verwickelt, just in der Nacht, in der er betrunken aus seinem brennenden Pickup gezogen wurde. Die Wachleute eines

Hotels hatten dort morgens um 3.20 Uhr die Polizei verständigt, weil ein Mann mit einem Gewehr im Park herumgeschossen hatte. Dieser flüchtete, bevor die Polizei eintraf, ließ aber das Magazin seines Gewehres zurück. Das Magazin stammte aus Richard C.s Gewehr. Über den Ausgang dieser Geschichte konnten auch nach Nachfrage beim Gericht und intensiver Recherche keinerlei Urteile gefunden werden.

Google vor Gericht

Hat der Betreiber einer Internetseite eigentlich ein Recht auf ein gewisses Ranking bei den Google-Suchergebnissen? Was, wenn er damit nicht zufrieden ist? Mit dieser Frage musste sich ein Gericht in Kalifornien auseinandersetzen – und war sich seiner Verantwortung und der Tragweite des Urteils Gott sei Dank sehr bewusst. Was war passiert? Kinderstart.com ist seit dem Jahr 2000 online und eine Website, die viele nützliche Informationen rund um die Entwicklung, Erziehung und Ernährung von Kindern veröffentlicht. Nebenbei vertreibt Kinderstart.com einen eigenen Produktkatalog und hält für seine Kunden eine Suchmaschine bereit. Die Seite erfreute sich einer immer höheren Besucherzahl und konnte in ihren besten Zeiten über 10 Millionen Seitenaufrufe verbuchen. Da dies eine durchaus relevante Zielgruppe für verschiedene Werbetreibende ist, bediente sich Kinderstart.com des Google-Marketing-Tools AdSense. Damit verdient der Betreiber einer Website für jeden Klick eines Besuchers seiner Seite auf ein dort platziertes Werbebanner einen gewissen Geldbetrag. Knapp zwei Jahre nach der AdSense-Aktion verzeichnete Kinderstart.com einen frappierenden Rückgang seiner Besucher um 70 Prozent. Im fast gleichen Verhältnis gingen auch die Einnahmen aus den Bannerklicks zurück, nämlich um 80 Prozent. Plötzlich wurde die Website von den Kunden bei Google nicht mehr gefunden. Bekannt ist, dass Google jene Websites abstraft, die gegen die Richtlinien des Konzerns – zum Beispiel verbotene Suchmaschinen-Optimierungsmethoden – verstoßen, wobei Google die »auf null« gesetzten Betreiber der Websites darüber nicht informiert. Sie bemerken dies ohnehin von selbst, wenn sie im Ranking nicht mehr auftauchen. Welchen Fehler Kinderstart.com aus der Sicht von Google begangen hat, ist leider nicht bekannt. Kinderstart.com mutmaßte, dass Google eine Konkurrenzsituation durch deren eigene kleine Suchmaschine sah und sie deshalb abgestraft hatte. Kinderstart.com reichte am 17. März 2006 Klage bei einem kalifornischen Gericht gegen Google ein. Die Begründung(en) der Klage:

1. Verletzung der Redefreiheit

Das plötzliche und willkürliche Entfernen aus dem Google-Index verstößt gegen die verfassungsrechtliche Redefreiheit.

2. Vertragsbruch

Kinderstart.com sei mit AdSense einen Vertrag eingegangen, den Google durch das Entfernen aus dem Ranking gebrochen hätte.

3. Verbreitung falscher Tatsachen

Die Bewertung der Seite mit »null« des PageRankings von Google sei nicht frei von Willkür, sondern von Google manuell zurückgestuft worden. Damit sei der Tatbestand der Verbreitung falscher Tatsachen erfüllt, da das Ranking von Kinderstart.com höher sein müsste. Angesichts der zigtausend Links, die zu Kinderstart.com führen, könnte »null« gar nicht der Wert sein kann, der sich bei einer Anwendung des Google-Algorithmus ergibt.

4. Unlauterer Wettbewerb

Google würde automatisch durch ein Herabsetzen des Rankings allen konkurrierenden Webmastern Vorzüge einräumen.

5. Verstoß gegen das Kartellrecht (Monopolisierung)

Kinderstart.com beklagt Google, es nutze seine Monopolstellung als Suchmaschine im Internet-Anzeigenmarkt und als Suchmaschine, um Unternehmen gezielt vom Markt zu drängen.

Die Klage von Kinderstart.com wurde abgelehnt, worauf die Seitenbetreiber in die Berufung gingen. Dort wurde wiederum die Absage bestätigt. Fakt und Ansicht des Gerichts ist nämlich, dass das Ranking von Google der Meinungsfreiheit von Google entspricht. Im Fall von Kinderstart.com könnte diese Bewertung auf Links zurückzuführen sein, die zu obszönen Seiten führen. Google hat außerdem Hinblick auf seine Stellung als Suchmaschinen-Monopolist einen Marktanteil von »nur« 60 Prozent.

Er mochte nicht Michael sein

Charly R. klagte gegen Michael Jordan und Nike-Gründer Phil Knight vor dem Landesgericht Oregon. Diese hätten dadurch, dass sie Michael Jordan zu enormer Bekanntheit verholfen hatten, sein Leben ruiniert. Das, obwohl Charly acht Jahre älter, 15 Kilo leichter und 15 Zentimeter kleiner ist. Außerdem ist nur einer von beiden in der Lage, einen Basketball mühelos von der Freiwurflinie zuverlässig im Korb zu versenken. Gut. Charly R. und Michael Jordan haben tatsächlich einige Gemeinsamkeiten. Beide sind Afroamerikaner, männlich, haben kahl rasierte Köpfe, tragen einen Ohrring –

eventuell teilen sie sogar noch ein paar unbekannte Details mehr miteinander. Was sie aber definitiv unterscheidet, ist der Lebensstil. In diesem Punkt suchte Charly wohl eher eine Annäherung. Er verklagte Jordan und Night nämlich auf insgesamt 832 Millionen US-Dollar, weil er es satthatte, ständig mit dem Star verwechselt zu werden. Es bereite ihm unerträgliches Leid, ständig darauf angesprochen zu werden, ob er Michael Jordan sei und dabei jedes Mal daran erinnert zu werden, welch klägliches Leben er im Vergleich zum Lebensstandard eines Michael Jordan habe. Diese ständige Verfolgung durch die Öffentlichkeit hätte seine Nerven ruiniert. Die Beklagten seien ihm mindestens 15 Jahre verlorene Lebensqualität schuldig. Sie hätten ihm nichts als Ärger verursacht, sei es bei der Arbeit oder emotional, und zu guter Letzt sei es ihm deswegen unmöglich, sich Namen korrekt zu merken und Possessivpronomen (!) zu benutzen. Charly zog seine Klage selbst zurück, ohne dafür einen besonderen Grund anzugeben. Ein Sprecher von Nike gab bekannt, dass er keinerlei außergerichtlichen Zahlungen von Nike oder sonst jemand erhalten habe. Man habe sich einfach so geeinigt, nachdem die Rechtsanwälte von Nike ihm aufgezeigt hätten, welche Gerichts- und andere Kosten auf ihn im Falle eines Prozesses zukommen könnten.

Schüler hört einfach nicht

Danbury/Connecticut – Ein 16-jähriger Schüler, der im Klassenzimmer eingeschlafen war, behauptet, er leide unter beträchtlichem Gehörverlust, nachdem seine Mathelehrerin mit ihrer Handfläche kräftig auf seinen Schultisch klatschte, um ihn aufzuwecken. Die Eltern des verschlafenen Vincent R. wollten daraufhin die Lehrerin Magda N. wegen ihres Verhaltens vor Gericht bringen, ebenso erwogen sie Klagen gegen die Danbury High School, den zuständigen Ausschuss für Erziehung sowie die Stadt Danbury. Vincent R.s Vater, Zack R., behauptet, sein Sohn wäre mit seinem linken Ohr auf der Tischplatte gelegen, als die Mathelehrerin mit ihre Hand derartig wuchtig auf den Tisch knallte, dass das Trommelfell seines Sohnes platzte. Vincent schreckte aus dem Schlaf auf, sagte aber nichts. Zack R. sagt aus, sein Sohn hätte einen fast vollständigen Verlust des Hörvermögens durchlebt. Erst am nächsten Tag beklagte er sich bei seinen Eltern über Ohrenschmerzen und dass er nichts mehr hörte. Auf seinem Kopfkissen fanden sie eine blutige Flüssigkeit. Sie brachten Vincent sofort ins Krankenhaus. Seitdem konnte sein Hörvermögen durch den Einsatz und die Hilfe verschiedener Spezialisten teilweise wiederhergestellt werden, doch würde es noch einer Reihe von Behandlungen bedürfen, bis sein Hörsinn wieder vollends hergestellt sei. R.s Anwalt erklärte, die eingereichte Beschwerde gegen die Stadt sei noch keine Klage, sondern zunächst eine Warnung. Die Klage könne aber nachgereicht werden, je nachdem, was die Nachforschungen ergäben. »Wir haben noch nicht alle Fakten«, sagte der Anwalt, »die medizinischen Analysen sind noch nicht vollständig abgeschlossen. Allerdings gibt es keinen Zweifel darüber, was passiert ist, und dass das Kind Schaden genommen hat.«

Der Anwalt bestand auf Einsicht in Magda N.s Personalakten. Weder die Schuldirektorin noch die Lehrerin waren bereit, irgendwelche Auskünfte gegenüber der Öffentlichkeit zu geben. Sämtliche Anfragen wurden an die Schulaufsicht weitergeleitet – und auch nicht eben sofort beantwortet. Selbst der Bürgermeister gab zu bedenken, dass er für Auskünfte zum Fall nicht qualifiziert sei und die Zuständigkeit eben beim Schulamt läge. »Und für die wäre jetzt die richtige Zeit zu handeln«, beschwerte sich der Anwalt der R.s.

Auch die Familie R. selbst war nicht bereit, Fragen zu beantworten, und überließ dies ihrem Anwalt. Es ist wenig überraschend, dass der Fall teilweise lächerlich gemacht wurde und böse Pressekommentare einbrachte. Selbst die Schüler zogen Vincent immer wieder auf. Obwohl seine Eltern überzeugt waren, die Sache rechtlich aufzuklären, schickten sie ihren Sohn lieber auf eine Privatschule, erklärte ihr Anwalt. »Es gab eine gewisse Anzahl von Gegenreaktionen auf die Klage. Nichts anderes hatte ich erwartet und ich kann das verstehen. Was mich ein wenig stört, ist die Tatsache, dass niemand sagt: ›Wenn du im Klassenzimmer einpennst, ist es völlig okay, dass dein Gehör zerstört wird.‹ Denn das müssten sie ja eigentlich.« Nach eigener Aussage verlangte der Anwalt der Familie für den Fall, dass sie den Prozess verlieren sollten, kein Honorar von der Familie des Jungen. Bei gewonnenem Prozess würde er dafür ein Drittel der Schadenersatzsumme erhalten.

Der Fall von Batman und seinem schlimmsten Rivalen Batman

Huseyin K., ehemaliger Bürgermeister der Öl-Stadt in der südöstlichen Türkei, verklagt den Regisseur Christopher Nolan und Warner Brothers auf Lizenzgebühren, weil sie den Namen der Stadt – Batman – für den Kassenschlager *The Dark Knight/Der dunkle Ritter* nutzten. »Es gibt nur ein(en) Batman auf der Welt«, sagte der Demokrat K. »Und die Filmemacher nutzten den Namen unserer Stadt, ohne uns nach Erlaubnis zu fragen.«

Allerdings konnte niemand aus der Stadt Batman erklären, wieso es so viele Jahre dauerte, bis es zur Klageerhebung kam. Batman tauchte bereits 1939 im ersten Comic auf und die TV-Serie startete im Jahr 1966. Tim Burtons erster Kinofilm für Warner Bros. kam bereits 1989 in die Kinos. Ohne Zweifel spielte die Milliarden-Dollar-Marke eine Rolle, die der Film in die Kassen spülte – und die den Zorn des kleinen türkischen Dorfes weckte. Der Bürgermeister bereitete eine ganze Serie von Angriffen gegen Nolan und Warner Bros., die Rechte am Superhelden halten, vor. Unter anderem sollen sie die Schuld tragen an ungeklärten Morden und einer hohen Selbstmordrate bei Bürgerinnen, die der Film als psychologische Auswirkung auf die Einwohner der Stadt gehabt haben soll. Wer in Batman geboren wurde, hatte immer wieder Schwierigkeiten seinen Geburtsort anzugeben, wenn er beispielsweise im Ausland ein Geschäft eröffnen wollte. Der Bürgermeister arbeitete an der Beweisaufnahme, dass es die Stadt bereits vor Bob Kanes Comicdebüt im Jahr 1939 gab. »Wir bekommen hier nur mit, was die Presse über den Fall verbreitet. Bis heute sind bei uns noch keinerlei rechtliche Maßnahmen angekommen«, konstatierte ein Sprecher von Warner Brothers. Obwohl die Stadt Batman plötzlich größtes Interesse am Kämpfer im Cape an den Tag legt, gibt es keinen Beweis dafür, dass die Bürger in irgendeiner Art Loyalität zum Superhelden zeigen. Nicht mal an Halloween sieht man auch nur einen einzigen Batman in Batman.

Ein Antiquitätenhändler klagt 1 Mio. US-Dollar ein. Von Pennern.

Ein Antiquitätenhändler auf der Madison Avenue verklagte eine Gruppe unbekannter Obdachloser auf 1 Million US-Dollar – weil diese sich vor seinem schicken Laden in der Upper East Side häuslich niedergelassen hatten. Sie würden den Gehweg vor seinem Geschäft als Urinal und Spucknapf nutzen oder sich gelegentlich sogar dort an- und ausziehen. K. Konrad, der Besitzer von K. Konrad & Associates in der Madison Avenue nahe der 69th Street, sagte, er habe nun genug. Er ertrug die Crew von Vagabunden, allen voran einen Obdachlosen mit seiner »Insel aus dreckigen Habseligkeiten, nun mehr als zwei Jahre lang. Er hoffe, durch seine Klage wäre die Stadt nun endlich dazu gezwungen, sich einzumischen. Die Klageschrift vermerkt, dass »K. Konrad & Associates mitten im Herzen New Yorks, im exklusiven Madison Avenue Shopping-Viertel« mit Nachbarn wie Gucci, Chanel und Prada ansässig ist. In der Klage wird außerdem beschrieben, dass eine große Anzahl der Kunden vor ihrem Einkauf die Waren lange Zeit durch das große Schaufenster betrachten und bewundern. Dieses Schaufenster wird von der Anwesenheit der Penner und deren unterentwickeltem Sinn für Mode verdorben. »Sie ziehen an, was alt, getragen und unhygienisch aussieht«, steht es in der Klage vom 16. Januar 2007 vor dem Supreme Court. Die Penner »findet man häufig schlafend auf dem Gehsteig oder sie trinken Alkohol aus offenen Flaschen und führen verschiedene Körperfunktionen vor, wie Urinieren und Spucken (...) oder sie attackieren verbal die Angestellten und potenziellen Kunden. Manchmal werden sie diesen gegenüber sogar zudringlich.« Herr Konrad bemerkte, dass die Polizei der Sache geringe Priorität einräumte und weder die örtlichen Handels- noch die Obdachlosenorganisationen einen Finger gerührt hätten. Es kam ihm eher vor, als ob die Obdachlosen recht zufrieden mit der Situation wären, gegen ihn und seine Kunden sticheln und sich über sein Unbehagen lustig machten. Tag und Nacht wären sie vor seinem Laden mit ihrem dreckigen Zeug herumgehangen, während die Steuerzahler die Rechnung für sämtliche Obdachlosenheime der Stadt bezahlten. »Mein Anliegen ist die Gesundheit dieses Mannes«, erklärt Mr Konrad gegenüber der *New York Times* am Telefon. »Manchmal ist der da draußen, wenn ein Blizzard tobt. Und Sie und ich zahlen unsere Steuern in New York City. Ein Teil davon ist dafür bestimmt, die Obdachlosenheime am Laufen zu halten. Das sollte er doch nutzen.« Sandra N., eine Obdachlosenbeauftragte und Anwältin der Obdachlosen, gab zu, dass ihr in den 25 Jahren, in denen sie diese Aufgabe betreue, noch nie ein Fall untergekommen sei, in dem ein Einzelner eine obdachlose Person verklagt hätte. »Es gibt da eine ganze Menge von Organisationen – abgesehen von der Stadtverwaltung –, die Menschen, die auf der Straße leben, unterstützen«, sagte Mrs N. «Das ist doch lächerlich und entbehrt jeder Logik.« Sandra N., der die einzelnen Personen von Mr Konrads Klage nicht persönlich bekannt waren, vermutete, dass Mr Konrad es einfach satthatte, die Obdachlosen zu bitten wegzugehen. Aber »dies ist nun mal ein freies Land. Solange wir nicht dafür sorgen, dass jeder einzelne Obdachlose einen Platz hat, wo er bleiben kann, müssen wir damit eben leben.« Hugh S., ein Anwalt Konrads, sagte, sein Mandant habe alles Mögliche versucht, um das Problem zu lösen. Aber offensichtlich fühle sich niemand dafür zuständig. Konrad fragte sogar den Besitzer des Gebäudes, bei dem er Lagerräume angemietet hatte, ob dieser nicht die Rohrleitung für die Heizung verlegen könnte, damit die Obdachlosen sich daran nicht mehr wärmen könnten. Aber auch das hat nichts gebracht. Obwohl Konrad einen der Obdachlosen als »netten Typen« bezeichnete, fand er, es sei einfach an der Zeit, nun getrennte Wege zu gehen. »Es ist ja nichts Persönliches. Ich will nur, dass der Mann in Sicherheit ist, ohne meinen Laden zu stören.« Die Parteien konnten sich schließlich außergerichtlich einigen.

Häftling reicht 5-Millionen-Klage ein gegen ...

Im Jahr 1995 saß ein Gefangener namens Ricky L. B. in Virginia ein. Er verklagte ... sich selbst. »Weil ich ständig meine religiöse Überzeugung verletze, will ich 5 Millionen US-Dollar Strafe an mich zahlen. Nachdem ich aber leider kein Geld verdiene, weil ich hier einsitze, muss der Staat das für mich übernehmen«, so schrieb Ricky in seiner handverfassten siebenseitigen Klageschrift. Rickys Antrag argumentierte, dass er »als er 1993 Alkohol getrunken« habe, somit gegen seine eigene religiöse Überzeugung und Bürgerrechte verstoßen habe. Weswegen er betrunken genug gewesen sei, das geltende Recht zu brechen. »Wenn ich wieder draußen bin, zahle ich das zurück!«, versprach Ricky. Seine Klage konnte die Richterin nicht überzeugen. Sie wies die Klage ab – obwohl sie Rickys Idee als sehr »innovativ« lobte. Sie wollte wohl den Mann nicht völlig entmutigen.

Keinen Vertrag zum Amoklaufen

Die Mutter von Jason S., der bei seinem Amoklauf in der M. Manufacturing Company in Jefferson City/Missouri drei Menschen tötete und fünf verletzte, bevor er sich selbst erschoss, hatte eine Schadenersatzklage gegen die Fabrikbesitzer eingeleitet. Sie verlangte ein Sterbegeld, da Jason laut ihrer Forderung während der Arbeitszeit verstorben war. Die Geschäftsleitung und deren Arbeitnehmerversicherer lehnten den Antrag ab mit der Begründung, Jason S.s Tat sei vorsätzlich und nicht Teil seines Arbeitsvertrags gewesen. Höchstwahrscheinlich müsse dieser Fall an ein offizielles Gericht weitergereicht werden. Das Gericht in Jefferson City schlug die Klage nieder.

Die scharlachrote Reklametafel

Sean G. klagte gegen ein Urteil, das Richter Walker gegen ihn verhängt hatte. Die Vorgeschichte: Sean wurde erwischt, als er Post aus einem Briefkasten in San Francisco gestohlen hatte. Es kam zum Prozess, seine Schuld wurde einwandfrei festgestellt. Seine Strafe, mit der er überhaupt nicht einverstanden war: Sean musste 100 Stunden vor einer Postfiliale stehen – samt einem Reklameschild um dem Hals mit der Aufschrift: »ICH HABE POST GESTOHLEN. DIES IST MEINE BESTRAFUNG.« Wie peinlich, und eigentlich nicht zumutbar. Aber was ein amerikanischer Richter verhängt, hebt ein anderer nicht so schnell auf. Sean verlor die Klage. Sein Anwalt erklärte: »Demütigung als Strafe ist im Strafkatalog unseres Landes nicht vorgesehen«, und relativierte vorsichtshalber: »obwohl Richter Walker natürlich für seine sehr wohlüberlegten und unabhängigen Urteile bekannt ist.«

Eine Klage, die an die Nieren geht

Viele schlechte Witze machten die Runde, als dieser Fall durch die Presse ging. Ronald B., ein Chirurg aus Long Island, verklagte seine Exfrau Sarah auf Herausgabe der Niere, die er ihr spendete, um ihr Leben zu retten, als die beiden noch verheiratet waren. Er behauptete, sie hätte eine Affäre gehabt. Lisa Bloom, die Rechtsexpertin von CBS, drückte es so aus: »Sie riss ihm das Herz heraus, aber ihre Niere wird er trotzdem nicht bekommen.« Wie kompliziert und gemein auch immer die Gründe für die Trennung einer Ehe sein mögen, die Trennung von einem gespendeten Organ kann niemals inbegriffen sein. Ronald B. war sich dessen auch bewusst. Sein Verlangen auf Herausgabe seiner ehemaligen Niere war rein rhetorischer Art. Was er stattdessen als Ersatz für seinen Verlust haben wollte, waren 1,5 Millionen US-Dollar. Man muss dabei auch der Tatsache ins Auge sehen, dass bereits Ehen wegen eines simplen Organs geschlossen werden. Es herrscht eine regelrechte Organ-Inflation. B.s Plan, so abwegig er auch klingen mochte, folgte einer gewissen Logik. Im 21. Jahrhundert sind menschliche Organe und somit auch eine Niere zur Handelsware geworden. Wie auch immer – Organhandel ist in den meisten Ländern der Erde aus gutem Grund verboten. Obwohl es auch in den Vereinigten Staaten schwarze Schafe gegeben hat und gibt, kann man den meisten Ärzten im Umgang mit dem Thema Organspende vertrauen. Weil B. aber praktizierender Arzt und Chirurg ist, hatte seine Klage eine andere Qualität. Wie, muss man sich fragen, ist eigentlich *seine* Meinung zum Kauf und Verkauf von Organen? Oder überlässt er als Mediziner die philosophischen Fragen anderen und kümmert sich nur um den Aus- und Einbau von Organen? Was würde er tun, wenn an seinem Institut, dem N. University Medical Centre, Organhandel stattfände? Letztendlich ist seine Forderung nach Schadenersatz nichts anderes als ein rückwirkendes Feilschen um sein Organ. Und noch eine andere Frage stellt sich: Normalerweise werden Nieren für weit weniger Geld gehandelt als satte 1,5 Millionen US-Dollar. Woher nimmt er diese absurde Summe? Aus seiner Eitelkeit heraus, vielleicht? Chirurgen gelten gemeinhin als egozentrisch. Bewertet er seine Niere höherwertiger, als die aller anderen Menschen? Sozusagen als amerikanische Wertarbeit? Eigentlich hatte er seine Niere aus Liebe gespendet. Was auch immer die Erklärung für seine Forderung war – er hat aus seinen Ehe- und Trennungsproblemen ein gefundenes Fressen für die Presse gemacht. Seine Anwältin Barbara D. unterstützte und ermutigte ihn dabei nach Leibeskräften.

Laut Aussage von Sarah B. war ihr Fhemann, was Eifersucht anging, ziemlich paranoid. Er untersuchte beispielsweise ihre Unterwäsche nach Spuren einer Affäre. Seine Aussage, er dürfe die gemeinsamen Kinder nicht sehen, sei schlicht gelogen. Es kam heraus, dass dies nicht die erste Spenderniere war, die Sarah erhalten hatte, sondern bereits die dritte. Die Entscheidung für eine erneute Transplantation hing einerseits mit ihrer Schwangerschaft zusammen, andererseits drohte die Beziehung in die Brüche zu gehen. Nachdem Sarahs Körper bereits zwei Spendernieren abgestoßen hatte, wurde ihr Gesundheitszustand immer schlechter. B. bot ihr eine seiner Nieren an. Die Wahrscheinlichkeit, dass diese passen würde, war 1 : 700 000. Er wollte damit nicht nur das Leben seiner Frau, sondern gleichzeitig die Beziehung durch seine Spende retten. »Es gibt keinen schlimmeren Schmerz, als von der Person betrogen zu werden, der du dein Leben gegeben hättest«, ließ B. Reportern gegenüber wissen. »Im Grunde genommen macht B. aus einem Organ eine Handelsware«, schrieb der vom Scheidungsgericht bestellte Experte Richter Johnson R. in seinem zehnseitigen Urteil. »Während der Ausdruck *Ehelicher Gütestand* dehnbar ist, ist er dennoch nicht auf Organe zu beziehen.« Er warnte Dr. B. ausdrücklich davor, sich durch eine Forderung für seine Niere selbst des Organhandels schuldig zu machen.« Nichtsdestotrotz dürfe man die Spende der Niere als Akt von Menschlichkeit im Scheidungsurteil nicht außer Acht lassen, schloss der Richter sein Urteil ab.

Versichert, verraten und verkauft

Eine 81-jährige Seniorin aus Brookfield wurde von ihrer Versicherung (S. Insurance) verklagt. Sie sei schuld an den Verletzungen, die sich ein Essenslieferant in ihrer Einfahrt zugezogen hatte, als dieser auf einer Eispfütze ausrutschte. Die Klage ging an das zuständige Gericht in Waukesha County/ Wisconsin. Audrey K. war überrascht von der Klage, da sie nicht einmal mitbekommen hatte, was in ihrer Einfahrt am 2. Februar 2004 geschehen war. »Es ist schon so lange her. Es macht mich ganz verrückt. Ich kann doch nichts dafür«, erklärte Audrey K. gegenüber einem Reporter. »Sie (die Lieferantin) hätte Stiefel anziehen sollen. Woran ich mich erinnere, ist, dass sie nur Schuhe anhatte, rote Schuhe, keine

Stiefel.« Kathrin B., die Chefin des städtischen Senior Services in Waukesha, sagte aus, dass die Städtische Senioren-
fürsorge zwar nicht an Audrey K. auslieferte, doch berge der
Fall nun die Gefahr für viele ältere Menschen, auf den Service zu verzichten. Aus Angst, auch sie könnten eines Tages
vor Gericht landen, weil sich irgendjemand beim Ausliefern
verletzen könnte. »Dieser Gedanke ist mehr als besorgnis-
erregend, dass viele Menschen aus Angst lieber auf ihr Essen und ihr Wohlbefinden verzichten könnten«, sagte Kathrin B. Als die Sprecherin des Versicherungskonzerns von
Reportern zum Fall befragt wurde, sagte sie, sie müsse sich
damit erst vertraut machen und rufe dann zurück. Was sie
nicht tat. Der Anwalt des Versicherers, Fred M., der die Klage in dessen Auftrag einreichte, war zu Kommentaren nicht
bereit. Der Vorstandsvorsitzende des Konzerns war, laut der
Vermittlungsstelle, ebenfalls nicht zu sprechen. In der Klageschrift wird Regina R. aus Milwaukee, die Frau, die in der
Auffahrt verunfallte, als unfreiwillige Klägerin aufgeführt. In
der Klage heißt es: Regina R. rutschte aus und fiel auf eine
große Eisfläche. Audrey K. hingegen sagte: »Ich habe das
Eis in der Einfahrt entfernt. Vielleicht war da noch ein wenig, aber jedenfalls nicht viel. So schnell schmilzt das eben
nicht.« Audrey K. gab an, den Sturz nicht mit eigenen Augen
gesehen zu haben. Als sie aber noch einmal kurz aus ihrem
Fenster blickte, sah sie, dass Regina in der Einfahrt »auf ihrem Hintern hockte.« Deren Kollege kam zurück und fragte,
ob er ihr Telefon benutzen dürfe, um die Sanitäter zu holen,
die auch gleich kamen und Regina mitnahmen. »Das war das
Letzte, was ich über den Fall mitbekam«, sagte Audrey K.
»Es ist sehr unschön zu erfahren, dass ihr dabei etwas passiert ist.« In der Klage sind die Verletzungen, die sich Regina
zugezogen hatte, nicht explizit aufgeführt. Weiter stand darin, dass Regina bei einem nicht benannten Lieferservice an-

gestellt war. Audrey K. bekomme immer noch von der gleichen Firma ihr Essen, habe aber Regina R. weder vor noch nach dem Unfall jemals gesehen. Die Sprecherin der Stadt verkündete, sie würde den Fall genau im Auge behalten. »Unsere Bürger, die mit Essen versorgt werden, sind Menschen, die gebrechlich und daher an ihr Zuhause ziemlich angebunden sind. Wir werden sehen, was bei der Sache herauskommt.« Audrey K. hat zum Glück eine Versicherung, die für Schäden dieser Art aufkommt.

Eilige Ärzte

Die Geschwister Jane, Brandon und Kelly B. verklagten den Arzt ihrer Mutter und das Krankenhaus, nachdem Jane B. ihre Mutter dorthin wegen einer kleineren Behandlung begleitet hatte. Als offensichtlich irgendetwas bei der Behandlung schiefgelaufen war, wurden Jane und Brandon Zeugen, wie Ärzte ihre Mutter sehr zügig in den Notoperationssaal brachten. Dies zog jedoch nicht, wie man es jetzt vielleicht erwarten könnte, eine Klage wegen eines Kunstfehlers nach sich. Nein. Die Geschwister klagten wegen »fahrlässiger Verschuldung eines emotionalem Schocks«. Weil sie mit ansehen mussten, wie sich die Ärzte zur Behandlung ihrer Mutter so sehr beeilten.

Der Fall ging durch alle Instanzen bis zum obersten Gerichtshof von Kalifornien – und wurde schließlich gegen die Geschwister entschieden. Was zu begrüßen ist. Sonst dürften sich Ärzte grundsätzlich im Notfall nicht mehr beeilen, weil Angehörige des Patienten in der Nähe sein könnten. Oder andersherum, Angehörige dürften generell nicht mehr in der Nähe des Patienten sein, weil eine schnelle Behandlung eines Familienmitglieds notwendig werden könnte. Das hätten die Geschwister mit ihrer Klage aber locker in Kauf genommen.

Eine Familie gegen den Staat

Im Dezember 2012 verurteilte ein Bundesrichter die US-Regierung zur Zahlung von 17,8 Millionen US-Dollar. Zahlbar an eine Familie, in deren Haus in San Diego im Jahr 2008 ein Kampfjet der Marine gekracht war. Bundesrichter Jeff Miller wurde eingeschaltet, als eine außergerichtliche Verhandlung zwischen dem Justizministerium und der Familie scheiterte, die 56 Million für emotionale und monetäre Schäden einklagte. Dan Yin verlor bei dem Crash seine 36-jährige Frau Mee Yin, seine 15 Monate alte Tochter Gil, seine nur vier Monate alte Tochter Ramona und seine 59-jährige Schwiegermutter Kim Lee, die zu Besuch aus Korea war, um ihrer ältesten Tochter mit den Kindern zu helfen. Yin sagte in einem Statement, dass Millers Richterspruch »wohlüberlegt, begründet und gerecht« sei. Während seiner Zeugenaussage brach der Mann zusammen. Es war erst drei Jahre her, dass er seine Frau und seine Kinder zusammen in einem Sarg beerdigt hatte. Gegenüber dem Richter sagte er, dass er nur mehr darauf warten würde, ihnen folgen zu dürfen. »Meine Familie ist erleichtert, dass dieser Teil des Prozesses nun vorüber ist. Aber kein Geld der Welt kann den Verlust der geliebten Menschen aufwiegen.« Das Marine-Korps sagte aus, das Flugzeug sei durch einen technischen Fehler abgestürzt. Allerdings führten eine Reihe von Fehlentscheidungen dazu, dass der Pilot (in Ausbildung), nachdem sein Triebwerk ausgefallen war, an der vermutlich sicheren Landebasis der Navy in Küstennähe vorbeigeflogen war. Er selbst rettete sich mit dem Schleudersitz und sagte dem Untersuchungssausschuss gegenüber aus, dass er in Panik schrie, als er beobachten musste, wie der abstürzende Jet in das Wohnviertel schoss und in zwei Häusern einschlug.

Der Fall war insofern einzigartig, als die Regierung sich zwar haftbar bekannte – sich aber mit Yin darüber stritt, welche Summe sie ihm für den grausamen Verlust seiner Familie zu zahlen bereit wäre. Die Regierungsanwälte setzten ökonomische Verluste von 1 Million US-Dollar an, überließen es aber Richter Miller zu entscheiden, wie viel den Hinterbliebenen für den Verlust ihrer Familienmitglieder zu zahlen sei. Das Justizministerium lehnte jeden Kommentar gegenüber der Presse dazu ab. Während der Verhandlung sprachen die Anwälte der Familie ihr Beileid aus. Fragten aber, wie sehr sie wirtschaftlich voneinander abhängig gewesen seien. Das Gesetz erlaubt nämlich keinen Schadenersatz für Trauer und Leiden von Opfern. Das Gericht sagte, der Tod der beiden Mädchen beraube die Familie um »die Fähigkeit der Liebe, Begleitung, Gesellschaft, die ein kleines Kind seinen Eltern jetzt und in Zukunft geben kann«. Nach allem, was das Gericht höre, »seien die Mädchen der Yins nach den traditionellen Werten und der Kultur der Familie mit Liebe und Respekt vor den Eltern aufgezogen worden«. Richter Miller sprach Yin 9,6 Millionen US-Dollar zu, seinem Schwiegervater Sun Lee 3,7 Millionen und jedem seiner drei Erwachsenen Kinder sollten 1,5 Millionen Dollar für den Verlust ihrer Mutter, Mee, bezahlt werden. In seinem schriftlichen Urteil nannte Richter Miller Mee eine »außergewöhnliche Frau, deren starke Liebe direkt oder indirekt jeden Anwesenden dieses Falles beeinflusste und formte. Es ist anzumerken, dass dieser Einfluss uns hilft, einen fairen und angemessenen Betrag festzulegen.« Im Verlauf der Verhandlung zeigte der Anwalt der Familie dem Gericht Fotos und Videos von einer eng verbunden Familie, deren Leben durch den Crash auf zwei Kontinenten zerschmettert wurde. Mee kam im Jahr 2004 in die Vereinigten Staaten, um Yin zu heiraten. Yin beteuerte, keinerlei Hass auf den Marinepiloten zu hegen, der »alles versucht hatte, diese Tragödie zu vermeiden«, fügte aber hinzu, dass seine Familie glaube, »die fehlgeleiteten Versuche des Militärs, Geld zu sparen und Kosten zu kürzen«, hätten ihren Beitrag zu dem Unfall beigetragen. »Wenn der Beitrag, welchen das Gericht in diesem Fall festgelegt hat, die täglichen Entscheidungen des Militärs und deren Operationen ein wenig prägte, wäre das für die Sicherheit der zivilen Bevölkerung – und des Militärs – sehr positiv. Vielleicht rettet diese Überlegung anderen Menschen das Leben«, hieß es im Statement der Familie. Das Militär verhängte disziplinarische Strafen gegen 13 Mitglieder von Marines und Navy, die für das technische und menschliche Versagen verantwortlich waren.

Wie du mir ...

George C. war 32 Jahre alt, als er in Orange Beach/Alabama bei Nacht die Straße überquerte, von einem Auto erfasst wurde und an den Folgen des Unfalls verstarb. Die Sachverständigen der Polizei ermittelten, dass C. selbst die Schuld an seinem Tod traf. »Es sieht so aus, als wäre der Fußgänger vor das Auto gelaufen.« George C. hatte zum Zeitpunkt des Unfalls 3,06 Promille Alkoholanteil im Blut. Das ist ungefähr viermal so viel, wie es die Promillegrenze in Alabama für Autofahrer erlaubt. Es gab keinerlei Beweise, dass der erst 18-jährige Fahrer Andy K. unter Einfluss von Alkohol oder Drogen stand. Die Polizei schloss somit den Fall ab. Nicht so schnell! Paula T., die Mutter von George C., witterte eine Geldquelle. Sie verklagte Andy K. auf 3 Millionen US-Dollar Schadenersatz. Jeweils 1 Million für

- seine Fahrlässigkeit,

- seinen Mutwillen und für

- sein Versagen, nicht ordentlich aufgepasst zu haben.

Weil Andy K. zum Unfallzeitpunkt noch ein Teenager war, wurde sein Vater mitverklagt. So weit, so wenig besonders. Man könnte an dieser Stelle nach dem verrückten Teil des Falles fragen. Der wäre: Was mag George C.s Mutter Paula auf die Idee gebracht haben, einen Autofahrer, dem ein Betrunkener ins Auto gerannt ist, auf Schadenersatz zu verklagen? George und seine Mutter waren 1996 in einem sehr ähnlichen Fall selbst vor Gericht gezogen worden. George hatte den Pickup seiner Mutter einem Freund geliehen, der damit einen Fußgänger überfuhr. Georges Name wurde beim Prozess wegen fahrlässiger Tötung auf die Liste der Beklagten gesetzt. Ebenso der seiner Mutter Paula. Einfach nur deshalb, weil sie die Besitzerin des Pickups war. Sicherlich war sie deswegen außer sich. Der Fall endete mit einer Vergleichszahlung – Georges und Paulas Anteil an der Summe übernahm deren Versicherung. Vermutlich wollte sie mit ihrer Klage gegen Andy K. einfach nur wissen, wie sich so was von der anderen Seite des Gerichtssaals anfühlt.

Winken verboten

Andrea W., 14, und ihre Freundin überquerten eine mehrspurige Straße in Springfield/Massachusetts. Tyler L., ein Telefontechniker des N-Konzerns, sah, wie sie die ersten beiden Fahrspuren überquerten. Aus Angst, die Mädchen könnten plötzlich auf seiner Spur stehen bleiben, hielt er an und ließ sie vorbeigehen. Als die beiden an ihm vorbeispazierten, sah er einen Schatten in seinem Außenspiegel. Auf der Spur links neben ihm kam ein Auto. »Ich glaube, ich hatte meine Augen geschlossen. Ich wusste, was gleich passieren würde«, versuchte sich Tyler L. zu erinnern. Der Postangestellte Johnny R. fuhr gerade seine Frau zum Buchladen. Er sah die Mädchen erst, als er Andrea anfuhr. »Es sah aus, als wäre sie mir auf das Dach gesprungen«, sagte er aus. Andrea wurde schwer verletzt. Noch sieben Jahre nach dem Unfall ist sie ein Pflegefall. Sie kann weder gehen noch mit ihrer Umwelt kommunizieren. Sie lebt in einem Pflegeheim. Weil Andrea vor dem Lieferwagen des Telefontechnikers ging, konnte Johnny R. sie nicht sehen. Bis sie plötzlich vor seinem Auto auftauchte – »ohne auf den Verkehr zu achten«, sagten Augenzeugen des Unfalls aus. Egal. Die Eltern von Andrea verklagten Johnny R. so oder so. Ende der traurigen Geschichte? Nein. Nicht verrückt genug. Der Telekommunikationskonzern N, der mittlerweile zu einem anderen Unternehmen gehört, war ein großes Unternehmen mit tiefen Taschen. Gut: Tyler L. hielt auf offener Straße für Andrea und ihre Freundin an. Wie hätte also der Telefontechniker einen gewissen Teil der Schuld an dem Unfall haben können? Ganz einfach: Weil Andreas Eltern behaupteten, er hätte sie über die Straße gewunken. Er habe das auf gar keinen Fall getan, sagt Tyler L.. Ganz zu schweigen davon, wie er ihr hätte signalisieren sollen, die nächste Fahrspur ohne zu gucken zu betreten. Der Fahrer, der hinter Tyler L. stand, behauptete, er hätte ihn trotz seines schlechten Blickwinkels winken sehen. Der einzige Zeuge übrigens, der dies behauptete. Und selbst wenn er sie an seinem Auto vorbeigewunken hatte – wie hätte er deswegen für den Rest der Strecke verantwortlich sein können? Er stand schließlich nicht an einem Zebrastreifen, wo dies tatsächlich der Fall wäre und nachfolgende Fahrzeuge damit rechnen müssen, dass ein Auto dort nicht ohne Grund hält. Wir befanden uns bei diesem Fall auf einer mehrspurigen breiten Straße ohne Fußgängerüberweg an dieser Stelle. Der zuständige Richter vom obersten Gerichtshof in Massachusetts sagte, es gebe keinen ausreichenden Beweis dafür, dass Andrea gesehen hat, wie Tyler sie über die Straße gewunken hätte, oder falls doch, dass sie sich darauf verlassen hätte, dass ihr Weg weiter über die Straße sicher gewesen wäre. Der Staat hob das Urteil auf. »Wir können nicht von

Gesetzes wegen festlegen, dass sein Winken den Mädchen erlaubt haben soll, an seinem Auto vorbeizugehen, oder dass seine Pflicht gegenüber den Mädchen nicht weiter als bis zum Kotflügel seines Lieferwagens reicht«, schrieb der Richter in seinem Urteil des Revisionsgerichtes. Das Revisionsgericht entschied, die Jury eines untergeordneten Gerichtes solle in diesem Fall ein Urteil fällen. Der Unfall war tragisch, keine Frage. Die Jury entschied zugunsten von Tyler L.

Ein Sohn klagt das Erbe seiner Mutter ein – die er tötete

Nach einer intensiven Untersuchung der amerikanischen Slayer Statute musste der oberste Gerichtshof in Washington entscheiden, ob ein geisteskranker Mann das Erbe seiner Mutter antreten darf oder nicht. Nachdem er sie selbst getötet hatte. Joe H. wurde aufgrund seines Geisteszustandes als »nicht schuldig« befunden, nachdem er 1999 seine Mutter und seinen Bruder mit einem Metzgermesser getötet hatte. Joe H. muss derzeit nicht allzu viel Geld ausgeben. Er sitzt hinter den verschlossenen Türen des Western State Hospitals. Die Sachen, die er braucht, wie Essen, Kleider und eine konstante Versorgung mit Psychopharmaka, um ihm seinen Größenwahn vom Leib beziehungsweise Geist zu halten, bezahlt der Staat. Joe H. wird eine Chance eingeräumt, eines Tages ein gesunder Mensch zu werden. Vom Western State Krankenhaus aus kämpft er dafür, das Erbe seiner Mutter antreten zu dürfen. Sollte er gewinnen, würde der 37-Jährige einen ziemlichen Gewinn mitnehmen. Nachdem er seine Mutter Margarete getötet hatte, bekam deren Familie 800 000 US-Dollar durch eine Zivilklage gegen den Bezirk King County zugesprochen, da deren öffentliche Klinik es versäumt hatte, Joe dessen Medikamente zu geben. Medikamente, die er wirklich dringend gebraucht hätte. Insofern hat das Krankenhaus eine Teilschuld am Tod der Mutter getroffen und wurde zur Schadenersatzzahlung verurteilt. Joes Klage geht nun als Präzedenzfall an den obersten Gerichtshof in Washington. Eigentlich verbietet das Gesetz, dass Mörder von ihren Opfern profitieren dürfen. Zwar können in anderen Staaten wegen Unzurechnungsfähigkeit Freigesprochene das Erbe ihrer Opfer antreten – in Washington gibt es dieses Gesetz jedoch nicht. Der Fall wurde im Vorfeld zwischen den Gerichten von King Case und Washington hin- und hergereicht und landete letztendlich in Washington. Hier musste der Fall neu verhandelt werden, was die Anwälte beider Seiten ziemlich verblüffte. »Der Gesetzgeber hat eine ziemlich klare Vorstellung, was das Erbe jener Leute angeht, die ihren Erblasser umgebracht haben«, sagte Anwalt Marcus L., der den Onkel Joes vertritt. »Margaretes Familie möchte, dass das gesamte Geld der dritte Sohn bekommt, der ebenfalls an einer Geisteskrankheit leidet und eine lebenslange Betreuung braucht«, gab Marcus L. bekannt. Nichtsdestotrotz erkannten die Gerichte, dass es einfach viel zu viele Details und komplexe juristische Definitionen rund um den Begriff Mörder gibt und es schwierig würde, in welche Kategorie Mörder Joe am besten passen könnte.

Die Gesetzestexte für Mord sind geschaffen worden, um zwei Schlüsselmerkmale für den Erbfall unterscheiden zu können: die vorsätzliche und die unrechtmäßige Tötung. Bei einem Autounfall zum Beispiel kann es durchaus sein, dass ein Familienmitglied durch ein anderes getötet wurde. Was nicht zwingend heißt, dass diesem Familienmitglied etwa die Auszahlung einer Lebensversicherung verweigert werden würde. Auch wenn die Tötung »gesetzeswidrig«, also durch schuldhaftes Verhalten, aber völlig ohne Absicht geschah. Joe H.s Anwalt, Sean O., argumentierte, dass H. vor Gericht als »nicht schuldig« befunden wurde und er deswegen schlecht als Mörder im rechtlichen Sinne gelten könne. Ein Rechtsprofessor der Seattle University stimmt dem zu: »Es gibt in diesem Fall kein Verbrechen. Wir bestrafen auch keine Menschen, die wirklich krank sind, oder bestrafen Menschen, die an einer Geisteskrankheit leiden. Alles andere wäre hirnrissig.« Dem setzt das Berufungsgericht entgegen, dass Joe H. zwar nicht verantwortlich für die Tat sei, die Tat an sich aber immer noch gesetzeswidrig bleibe. Dies vor allem, da Joe H. seine Mutter »willentlich« und nicht »nur« gesetzeswidrig tötete. Was noch düsterer ist.

Wie auch immer der Fall ausgehen würde, er wird schwer auf Joe H.s seit Langem gebeutelten Geisteszustand lasten. Schon lange vor dem Doppelmord löste H.s Verhalten und dessen Ansichten Alarm bei seinen Familienmitgliedern aus und brachten ihm eine Reihe von Untersuchungen, Diagnosen und starken Medikamenten ein. Eine psychische Diagnose besagte, dass Joe als Kind körperlich missbraucht wurde und deswegen bereits mit neun Jahren nicht ohne Messer zu Bett ging. Als Teenager nahm er Drogen, trank Alkohol und bekam Ärger mit dem Gesetz. Während einer Jugendhaftstrafe wurde bei ihm Schizophrenie diagnostiziert. Joe H. hörte oft Stimmen, lebte abwechselnd bei seinem Vater und seiner Mutter; es fiel ihm außerdem sehr schwer, irgendeine Art von Job zu behalten. Wurde er in die Klinik eingeliefert, drohte er oft, das Personal umzubringen. Er bedrohte seine Mutter und seinen Bruder. Dies alles konnte man seinen Gerichts- und Krankenakten entnehmen. Bei H.s Diagnose kam der Verdacht auf, er leide unter dem seltenen Capgras-Syndrom[9]. Für Joe waren seine Familienmitglieder nur

---

9   Das Capgras-Syndrom ist sehr selten. Betroffene glauben, gerade die nächsten Lebensgefährten, Freunde und Verwandte seien durch identisch aussehende Doppelgänger ersetzt worden. Es wurde nach Joseph Capgras (1873–1950) benannt, der das Syndrom 1923 erstmals beschrieb. (Quelle: Wikipedia)

identische Doppelgänger derselben. Er glaubte, er habe magische Kräfte, könnte in den Weltraum fliegen, um sich vor den Angriffen der Leute um ihn herum zu schützen. Er war überzeugt, ein Opfer magischer Angriffe seiner Feinde werden zu können.

Zwei Tage bevor er seine Mutter und seinen Bruder tötete, ging er aus eigenem Willen ins Northwest Behavioral Services, eine Klinik des King County, in der er Freigänger war. Dort verlangte er ein Medikament gegen seine Psychosen. Die Fachkrankenschwester teilte ihm mit, dass er das Medikament bei ihr nicht sofort bekommen würde, und gab ihm stattdessen ein Rezept mit. Am 23. Juni 1999, als Margaretes Freund Walt in das gemeinsame Haus kam, fand er Joe H., wie er gerade eine Axt schwang. Joe machte damit Jagd auf ihn und traf ihn mit der Axt am Kopf. Walt konnte schwer verletzt fliehen und rief die Polizei. Als die Polizeibeamten eintrafen, fanden sie Joes Bruder unter einem Berg Kleider – übersät mit Stich- und Kopfwunden. Margaretes Leiche lag, in eine Bettdecke eingewickelt, im unteren Stockwerk. Auch sie hatte Joe mit zahlreichen Messerstichen ermordet. Er hatte ihre Leiche so drapiert, als hielte sie ein Foto ihrer Söhne in Händen. Nach seinem Prozess wurde er ins Western State Hospital überwiesen, wo er den Rest seines Lebens verbringen sollte oder dem Gericht beweisen konnte, dass er keine Gefahr mehr für die Gesellschaft sei. Sollte er das schaffen, könnte er zunächst und unter Vorbehalt in einer selbstbestimmten Einheit auf dem Krankenhausgelände wohnen, bevor er wieder in die Gesellschaft eingegliedert werden würde. Dafür, sagte seine Anwältin, wäre das Geld aus der Erbschaft sehr hilfreich. Damit könne man auch seine Therapien und Behandlungen bezahlen.

Für Joes Mutter war die Krankheit ihres Sohnes beziehungsweise ihrer Söhne sicherlich eine schwere Last. Trotzdem liebte sie Joe und unterstütze ihn, wo immer sie konnte. Sie wusste, wie stark behindert ihr Sohn wirklich war. Dass sein Leben buchstäblich die Hölle war. »Stellen Sie sich Ihren schlimmsten Albtraum vor«, sagte seine Anwältin, »genau das ist es, was manche geisteskranke Menschen durchleben. Und sie sind sich dessen bewusst, dass sie nicht schlafen. Man kann ihnen ihren Albtraum schwerlich vorwerfen.« Letztendlich entschied Richter Tom Chambers vom obersten Gerichtshof in Washington, dass Joe H. das Erbe nicht antreten dürfe, da er vom Mord an seiner Mutter zwar freigesprochen wurde, sie aber trotzdem absichtlich getötet hatte.

Der König des innovativen Rechtsmissbrauchs

Jeffrey R. sitzt in South Carolina ein. Von dort aus hat er eine gewisse Berühmtheit erlangt: Rr reichte über 1000 unsinnige Klagen ein. Hier einige Highlights aus dem Jahr 2007:

Im August verklagte er den Baseballspieler Barry Bonds über 42 Millionen US-Dollar. Unter anderem dafür, Steroide an Nonnen verkauft, Saddam Hussein Senfgas gegeben und »vor all seinen Baseballkumpels im Park mit Gewichtheben angegeben« zu haben. Außerdem hätte Bonds mit dem Baseballschläger von Hank Aaron[10] die Liberty Bell[11]

---

10 Henry Louis »Hank« Aaron (geboren am 5. Februar 1934 in Mobile/Alabama, USA), auch Hammerin' Hank genannt, ist ein ehemaliger Spitzenspieler des US-Profibaseballs. (Quelle: Wikipedia)

11 Liberty Bell (Freiheitsglocke) ist der Name einer in den Staaten und darüber hinaus berühmten Glocke, die geläutet wurde, als die Amerikanische Unabhängigkeitserklärung in Philadelphia am 8. Juli 1776 zum ersten Mal auf dem Independence Square in der Öffentlichkeit verlesen wurde. Der Zusammenhang mit der haltlosen Anschuldigung R.s ist gleichzeitig das Besondere an der Glocke: ein riesiger Riss in deren Klangkörper, der sie funktionsunfähig macht. Wann genau dieser Sprung entstanden ist, war bis dato unklar, so wie viele Geschichten um die Glocke nur unzureichend belegt und eher anekdotisch sind. Seit R. wissen wir es aber besser. Einem historisch umstrittenen Bericht zufolge soll die Glocke im Jahr 1846 zum Geburtstag von George Washington das letzte Mal geschlagen haben, wobei sich der Riss irreparabel vergrößerte. Sollte diese Theorie sich bewahrheiten, wäre dies ein klarer Entlastungsbeweis für Barry Bonds. (Quelle: Wikipedia)

zerschlagen. Im September wollte er gerichtlich gegen Elvis Presley vorgehen. Dieser hätte ihm seine Koteletten gestohlen, ihm verdorbenes Geflügel verkauft und außerdem würde Elvis unter einer Decke mit Osama bin Laden stecken. Im gleichen Jahr behauptete er auch, der Rap-Produzent Suge Knight hätte ihn, Jeffrey, zusammen mit Vanilla Ice vom Balkon einer Econo Lodge[12] hängen lassen und dass auf Michael Jacksons Neverland-Ranch Hitlers Truppen untergebracht wären.

Weitere Klagen im Jahr 2007:

Jeffrey gab an, er sei Model und Schauspieler. Als solcher hätte er in folgenden Filmen mitgespielt und kein Geld dafür bekommen: *Karate Kid*, *Pee Wee's irre Abenteuer* sowie im Sex-Streifen von Paris Hilton. Jeffrey verklagte den Rapper 50 Cent auf 35 Milliarden US-Dollar, weil dieser seine Texte gestohlen und ihn außerdem gezwungen habe, die 80er-Jahre-Bands Bananarama und Tears for Fears zu belästigen.

Sein »Meisterwerk« reichte er allerdings bereits im März 2006 ein: Eine 57-seitige Klageschrift belastete zahlreiche Beschuldigte. Unter ihnen befinden sich: der damalige US-Präsident George W. Bush, Papst Benedikt XVI, Bill Gates, Queen Elizabeth, die Gambino Crime Family[13], Three Mile Island[14], Burt Reynolds, Google, die Heilsarmee, der Wu-Tang-Clan, die Magna Carta[15], Tsunamiopfer, die Gremlins, Nos-

---

12   Econo Lodge ist eine US-amerikanische Hotel-Kette.
13   Die »Gambino Crime Family« ist eine der »fünf Familien«, die das organisierte Verbrechen in New York City in der Hand haben, und auch als Mafia bekannt ist.
14   *Three Mile Island* ist der Titel eines Buches von J. Samuel Walter Samuel Walker aus dem Jahr 2004.
15   Die Magna Carta (der »große Freibrief«) ist eine am 15. Juni 1215 unterzeichnete Vereinbarung des englischen Königs mit dem revoltierenden Adel. Sie gilt als die wichtigste Quelle des englischen Verfassungsrechts.

tradamus, das Lincoln Memorial[16], nordische Götter, Pizza Hut, die Europäische Union, die Methodistenkirche, Viagra, die Ninja Samurai Fighters und der Planet Pluto – alle sollten ihm eine nicht näher bezifferte Summe Schadenersatz für eine nicht näher benannte Verletzung seiner Bürgerrechte bezahlen.

Seit März 2008 hat das Bezirksgericht Georgia versucht, ihm die Suppe zu versalzen: Es ließ ihn eine Erklärung unterzeichnen, dass er für jede weitere unsinnige Klage haftbar gemacht und bestraft würde. Was Jeffrey allerdings nicht davon abhalten konnte, seine Klagen kreuz und quer durch andere Bundesstaaten der Vereinigten Staaten zu erheben.

Panne

Mathilda G. hatte eine Autopanne. Sie reagierte wie jeder normale Mensch und rief den zuständigen Automobilklub (ABC) an, damit dieser ihr Auto abschleppen sollte. Der Abschleppwagen kam – und fuhr unverrichteter Dinge wieder ab. Ohne Mathilda und ohne deren Auto. Denn Mathilda verlangte vom Fahrer, dass er sie nicht bis zur nächsten Werkstatt, sondern bis ins etwa 100 Kilometer entfernte Boston bringen sollte. Ein fataler Fehler. Der Mann des Abschleppservices, Ramon C., hatte noch mehr Aufträge und leider nicht die Zeit dazu. Er entgegnete, sie müsse dann eben gut drei Stunden auf ihn warten, bis er die weite Strecke machen könne. Er fuhr fort und ließ die 27-Jährige alleine bei ihrem Auto. Mathilda saß nicht in der Wüste fest. Sie stand auf einem Parkplatz. Mit Restaurants, Geschäften und Tankstelle darum herum. Mathilda wurde die Warterei offensichtlich

---

16   Das Lincoln Memorial ist ein Denkmal zu Ehren Abraham Lincolns in Washington D.C.

zu lange. Sie ließ sich von einem Unbekannten mitnehmen. Leider. Acht Tage später wurde Ihre Leiche gefunden.

Die Familie litt, trauerte, bedauerte – und suchte den Schuldigen am Tod ihrer Tochter. Der Mörder wurde gefasst, vor Gericht schuldig gesprochen und verurteilt. Die Familie suchte weitere Schuldige – sie fanden den Automobilklub. Man bedenke: Es war Mathilda, die den Abschleppwagen wegschickte. Hier hätte der verantwortungslose Fahrer an ihre Sicherheit denken und sie unbedingt mitnehmen müssen. Schließlich wirbt der Klub mit dem Slogan »Sicherheit über alles«. Der Stiefvater des Opfers klagt: »Hätte der Automobilklub getan, was er verspricht, würde Mathilda heute noch leben.« Und dies behauptet er ungeachtet der Tatsache, dass Mathilda noch nicht einmal Mitglied im Klub war. Er, der Stiefvater, erhielt einen Anruf von seiner Stieftochter, als deren Auto havarierte. Der Klub bezahlte trotzdem lieber ein außergerichtliches Schweigegeld. Es wäre einfach keine gute Presse gewesen, gegen die Eltern eines Mordopfers vor Gericht zu ziehen.

Wer zahlt für Dummheit?

Greg war erst 22 Jahre alt, als er sich in einer Bar tüchtig einen hinter die Binde goss. Es war eine kalte Nacht. Kalt genug, dass Greg nicht auf der Straße pennen wollte, sondern lieber unter einen Lieferwagen kroch, um dort seinen Rausch auszuschlafen.

Pech. Denn der Lastwagenfahrer war hingegen weit entfernt davor, sich ebenfalls ein Schläfchen zu gönnen. Just als Greg sich unter dessen Fahrzeug verkrochen hatte, trug der Fahrer Lebensmittel in eine Pizzeria, vor der er den Wagen geparkt hatte. Er hatte keine Ahnung von Greg, als er zurückkam, einstieg, weiterfuhr, Greg dabei überrollte und tötete.

Der Pathologe stellte später 1,9 Promille Blutalkoholkonzentration in Gregs Körper fest. Ein vermeidbarer, dummer und tragischer Unfall. Joselin, die Mutter von Greg, konnte es nicht fassen, welche Dummheit ihr Sohn begannen haben sollte: »Er wäre nie freiwillig unter einen Lieferwagen gekrochen.« Sie klagte daher gegen

- Mama P.'s Pizzeria, die den Lieferanten zwang, vor dem Laden zu parken beziehungsweise zu halten,

- den Lastwagenfahrer, der unter seinen Wagen hätte sehen sollen, bevor er wegfuhr,

- den Halter des Lastwagens und gegen

- den Besitzer und Wirt der Bar, der Greg nicht vom Trinken abgehalten hatte.

Joselin verlor nicht nur ihren Sohn. Sie verlor auch ihre Klage, die nämlich abgewiesen wurde.

VII. JOB UND ARBEITSWELT

Schmerzhaftes Überstündchen

Eine Australierin vergnügte sich während einer Dienstreise mit einem amourösen Abenteuer, verletzte sich währenddessen – und will nun Schmerzensgeld von ihrem Arbeitgeber. Die Klägerin ist Beamtin und wurde offensichtlich beim Beischlaf so wild, dass ihr im Hotel ein Lampenschirm aus Glas auf den Kopf fiel. Die Frau trug Schnittwunden im Gesicht davon. Nun verklagt sie ihren Arbeitgeber – den Staat Australien – auf Schmerzensgeld, wie ABC berichtete. Der Staat wehrte sich und ließ seine Verteidiger argumentierten, dass die Frau sich die Verletzung ja nicht bei Ausübung ihrer Tätigkeit zugezogen habe. Beamte müssten zwar während der Dienstreisen arbeiten, essen und schlafen, »aber sie brauchen keinen Sex«, so ein Anwalt. Die Klage wurde abgewiesen.

Astera, Obela, Doctora

Im Jahr 1996 promovierte eine ehemalige Tierpflegerin mit der Note »sehr gut« und erhielt infolgedessen vom zuständigen Institut ihre Urkunde, die sie fortan berechtigte, den Titel Doctor medicinae veterinariae zu tragen. Das gefiel der frischgebackenen Frau Doktor nicht. Denn als »Frau Doktor« könne sowohl eine Ärztin als auch die Ehefrau eines Arztes verstanden werden. Um Klarheit und Gerechtigkeit zu schaffen, stehe ihr ein Anspruch auf Verleihung des Titels in der weiblichen Sprachform zu: Doctora medicinae veterinariae, kurz Dr. a med. vet – wohl wissend, dass dies nicht die korrekte weibliche Form im Lateinischen ist. Aber nur diese gestand das Gericht der Medizinerin zu, da es nicht Aufgabe des Gerichtes sein kann, die lateinische Grammatik zu verändern. Aus verständlichen Gründen war die Tierärztin damit überhaupt nicht einverstanden: Denn die Endsilbe -t(or) wird, kurz gesagt, in der weiblichen Form zu -t(o)rix. Aus Doctor würde Doctorix. In diesem Fall sollte man eventuell darüber nachdenken, fortan in einem kleinen Dorf in Gallien zu praktizieren.

Ein Essensbon für eine Bagatelle

Ein leitender Mitarbeiter eines Sportbekleidungsherstellers wurde gekündigt, weil er mit einem 80-Cent-Essensbon das Mittagessen für seine Lebensgefährtin bezahlte. Die Kündigung wollte der Mann nicht auf sich sitzen lassen und klagte. Er verfügte über einen Millionen-Etat, aber seinen Job hat er verloren, weil er einen Essensbon im Wert von 80 Cent veruntreute. Eine Bagatelle, meinte der 35- Jährige, und klagte gegen die fristlose Kündigung. Der ganze Streit drehte sich um ein Mittagessen am 27. November 2009. Ausnahmsweise nahm der 35-Jährige, der als Einkäufer in der Firma arbeitete, seine Lebensgefährtin zum Essen mit in die Kantine. Von einem Kollegen hatte er sich eine Marke besorgt, mit dem er das Essen seiner Freundin bezahlte. Damit verstieß er gegen eine Dienstanweisung: Jeder Mitarbeiter darf seine 15 Essensmarke im Monat nur für sich selbst einsetzen. Der Fall flog auf und die Personalabteilung griff zu drastischen Mitteln: Der Kollege, von dem die Marke stammte, bekam eine Abmahnung. Der 35-Jährige die fristlose Kündigung. Das Vertrauen sei zerstört worden, sagte der Anwalt des Bekleidungshersteller: »Wenn er das in der Kantine so macht, stellt sich die Frage: Macht er es als Einkäufer auch?« Das Arbeitsgericht Reutlingen gab dem Angestellten recht. Ob der 35-Jährige jetzt an seinen alten Arbeitsplatz zurückkehren werde, wurde offengelassen. Der Sportbekleidungshersteller aus der Nähe von Reutlingen überlegte, ungeachtete der Kosten, die vermutlich weit über 80 Cent hinausgehen, Rechtsmittel gegen das Urteil einzulegen.

Würde und Krawatten

Eigentlich war der Handwerker wegen eines Vergehens vor Gericht geladen, das in den Bereich der Schwarzarbeit fällt. Das klingt noch wenig verrückt. Der mutmaßlich straffällige Pflasterer ließ sich von einem Anwalt vertreten. Auch okay. Letzterer fiel dem Richter aber wegen einer fehlenden Krawatte unangenehm auf und er vertagte deshalb die Verhandlung wegen »Missachtung der Würde des Gerichtes«[17]. Das klingt schon schrulliger. Es wurde aber noch skurriler: Beim nächsten Verhandlungstermin erschien der Angeklagte in Begleitung zweier anderer Anwälte: beide wieder »oben ohne«. Dem Vorsitzenden platzte ob der fehlenden Krawatten dann richtig der Kragen. Er schloss sie von der Verhandlung aus, setzte diese aber fort und verurteilte den Angeklagten zu einer Geldbuße von 200 Euro. Dagegen »klagten« die Anwälte. Das Oberlandesgericht hob das Urteil auf. Erstens verletzte der Richter mit einer Hauptverhandlung ohne Verteidiger elementare Grundsätze der Rechtsordnung – und zweitens sind fehlende Krawatten kein Grund, Advokaten von einem Verfahren auszuschließen.[18]

---

17 Wie verhält es sich eigentlich, wenn Anwälte zu »lustigen« Krawatten à la Uli Stein und Diddl-Maus greifen? Verunglimpfung des Gerichtes? Schwere Beleidigung? Kann Beugehaft wegen alberner Fliegen angeordnet werden?

18 Wikipedia meldet sich kurz zum Thema Kleiderordnung vor Gericht zu Wort: In der Kabinettsorder vom 15. Dezember 1726 verfügte König Friedrich Wilhelm I. in Preußen ziemlich sarkastisch die Einführung einer einheitlichen Juristentracht in den Gerichten seines Territoriums: »Wir ordnen und befehlen hiermit allen Ernstes, dass die Advocati wollene schwarze Mäntel, welche bis unter das Knie gehen, unserer Verordnung gemäß zu tragen haben, damit man diese Spitzbuben schon von Weitem erkennen und sich vor ihnen hüten kann.«

Der vielleicht winzigste Diebstahl der Welt

Oliver B. (41) arbeitete 20 Jahre als IT-Fachmann bei einem Betrieb in Neunkirchen. Bis er von seiner Firma gefeuert wurde. Der Vorwurf: Er habe Strom geklaut. Strom im Wert von fast 2 Cent.

B. hatte sich einen Segway (elektrischen Roller) ausgeliehen, um damit die zwei Kilometer von zu Hause bis zur Arbeit zurückzulegen. Doch auf halber Strecke wurde plötzlich der Akku leer. Oliver B.: »Ich habe den Akku dann in der Firma aufgeladen. Irgendwann kam mein Abteilungsleiter und bat mich, den Roller zu entfernen. Dann fiel ihm auf, dass ich den Akku am Firmennetz auflud. Dabei habe ich Strom für ungefähr 1,8 Cent benötigt.« Einen Tag später wurde Oliver B. gefeuert. Der Computerspezialist sagte gegenüber der Bildzeitung: »Ich dachte, das sei ein Spaß mit der Kündigung. Das war der Weltuntergang für mich. Ich wollte doch niemandem schaden.« Der verheiratete Familienvater wendete sich an seinen Rechtsanwalt, Dr. Bernd Roos. Dieser begleitete ihn durch den Prozess. Die Kündigung wurde vom Siegener Arbeitsgericht verworfen. Sein Anwalt: »Ein richtiges Urteil. Hier muss man die Verhältnismäßigkeit sehen. Der Mann hat sich nie etwas zuschulden kommen lassen.« Das sieht die Gegenseite allerdings völlig anders, will vor das Landesarbeitsgericht in Hamm ziehen. Deren Rechtsanwalt Serge I.: »Wir hätten keine Berufung eingelegt, wenn wir nicht ausreichende Chancen darin gesehen hätten.«

Reißverschluss-Sache

Empfänger von Arbeitslosengeld II müssen auch dann zu einem Beratungstermin bei der Arbeitsagentur erscheinen, wenn der Reißverschluss der Hose kaputt ist. Ein defekter Reißverschluss ist nach Ansicht der Richter am Sozialgericht

Koblenz kein Grund, bei einem Beratungstermin oder einer Informationsveranstaltung des Arbeitsamtes zu fehlen. »Der Hosenreißverschluss ist kaputt.« Mit dieser offensichtlich fadenscheinigen Begründung wollte sich ein Arbeitslosengeld-II-Empfänger vor einer Informationsveranstaltung bei der Arbeitsagentur drücken. Mit der gleichen Begründung hatte er auch schon einen Vorsprachetermin mit Einzelgespräch über seine berufliche Zukunft bei der Arbeitsagentur abgesagt. Folge: Die Behörde kürzte dem Mann die Leistungen von drei Monaten um 10 Prozent. Der Mann zog wegen der Absenkung des Arbeitslosengeldes II von 626 Euro auf rund 592 Euro für drei Monate vor Gericht. Aber auch vor Gericht zog der Mann den Kürzeren. Die Richter waren sich einig, dass eine kaputte Hose kein Grund sei, eine mögliche Arbeitsvermittlung zu versäumen. Sie urteilten »(...) daher ist es ihm grundsätzlich im Rahmen der gewährten Regelleistung zumutbar, die erforderlichen Kleidungsstücke zumindest (sic!) in doppelter Ausfertigung zu erwerben und zur Verfügung zu halten. Zwar ist der Erwerb von Kleidungsstücken bei dem Kläger aufgrund seines Übergewichts, wovon sich die Kammer in der mündlichen Verhandlung einen persönlichen Eindruck verschafft hat, mit höheren Kosten verbunden (...)« Weiterhin urteilten sie: »Der nicht schließende Reißverschluss konnte durch das Tragen entsprechender Kleidung, beispielsweise eines längeren Pullovers, einer Jacke oder eines Mantels, vor anderen Personen verborgen werden. Zudem wäre es dem Kläger zumutbar gewesen, die Öffnung der Hose durch Hilfsmittel, wie z. B. einer Sicherheitsnadel, zu schließen.« (Sozialgericht Koblenz, Az. S 11 AS 317/05)

Er sollte tragen, nicht trinken

Ein großes Warenhaus in Schleswig-Holstein hatte einem Mitarbeiter fristlos gekündigt, da dieser sich auch nach

mehreren Aufforderungen geweigert hatte, Regale mit al-
koholischen Getränken aufzufüllen. Der zweifache Familienvater klagte gegen den Rausschmiss. Sein Glaube, so begründete er, verbiete ihm jeglichen Umgang mit Alkohol. In
der ersten Instanz wies das Arbeitsgericht die Klage rundweg ab. Zwar verbiete der islamische Glaube jeglichen Alkoholgenuss, vom Kläger sei jedoch nicht verlangt worden,
Alkohol zu trinken, sondern nur, welchen zu transportieren.
In der zweiten Instanz bekam der Mann insofern recht, als
die Richter die fristlose Kündigung verwarfen. Eine fristge-
mäße Kündigung hielten sie jedoch für zulässig. Das Gericht
muss nun klären, ob die ungelernte Hilfskraft nicht anders-
wo in der Filiale hätte eingesetzt werden können. Einen Vergleich lehnte der Anwalt des Klägers ab.

Polizeilicher Dienstunfall durch PowerPoint-Porno

Ein PowerPoint-Anhang seines Vorgesetzten führte bei einem
Polizisten aus Wesel zu einer psychischen Erkrankung. Dies
gilt als Dienstunfall, wie das Verwaltungsgericht Düsseldorf
entschieden hat. Januar 2003 in einer Polizeiwache am Nie-
derrhein: Ein Polizeihauptkommissar verschickt eine E-Mail
an seine Kollegen. Dann passiert über zwei Jahre lang nichts.
Bis ein Kommissar derselben Dienststelle am 28. September
2005 dann doch mal sein Postfach aufräumt, die unwichti-
gen Mails wegwirft – und die dringenderen Mails öffnet. So
auch eine Mail seines direkten Vorgesetzten. Die Nachricht
war mit dem Betreff »WG: Highlight zum Wochenende!!«
versehen. Der Polizist öffnet die Mail und deren Anhang –
eine PowerPoint-Präsentation mit dem vielversprechenden
Titel »perfektesdate1.pps«. Ein alberner PowerPoint-Spam,
wie er, millionenfach im Umlauf, die Leute teils nervt, teils
amüsiert, sollte die Lebensqualität des arglosen Polizisten
grundlegend verschlechtern. Die PowerPoint-Präsentation

beginnt mit der Darstellung einer nackten Blondine vor einem Sportwagen. Der Polizist klickt sich tapfer bis zum letzten Bild durch, und was dann kommt, ist offenbar zu viel für ihn: die Abbildung eines weiblichen Unterleibes mit schlimmen Ekzemen! Psychische Erkrankungen wie Zwangsstörung und Zwangsvorstellungen sind die Folge. Das Bild des »weiblichen Geschlechtsorgans (...)« habe ihn verfolgt. Es sei ihm wegen der Ekzeme nicht mehr aus dem Kopf gegangen. Er begibt sich nach einiger Zeit in ärztliche Behandlung, klagt vor dem Verwaltungsgericht, den Vorfall als Dienstunfall anzuerkennen. Der Polizist, 39, gibt an, »nachhaltig traumatisiert« sowie auf psychologische und psychiatrische Hilfe angewiesen zu sein. Dem Land Nordrhein-Westfalen (NRW), gegen das die Klage gerichtet ist, wirft er vor, eine »gravierende dienstliche Verfehlung und deren schwerwiegende Folgen« zu verharmlosen. Die Staatsanwaltschaft hat zwischenzeitlich ein Verfahren gegen den Verfasser der E-Mail wegen Beleidigung und fahrlässiger Körperverletzung eingestellt – mangels Anfangsverdachts. Auch ein Disziplinarverfahren gegen den Hauptkommissar wurde eingestellt.

Das Bild der Geschlechtsorgane hat auch Folgen für die Ehe des Klägers: «Seine Gedanken haben damals um die Frage gekreist, ob bei seiner Ehefrau ähnliche Symptome vorliegen könnten, was ihn in seinem Sexualleben derart gestört habe, dass es letztlich (...) zur Ehescheidung gekommen sei.« Der zuständige Richter stützte sich bei seiner Entscheidung vor allem auf ein Sachverständigengutachten. Darin heißt es unter anderem: Der Polizist habe auch im Jahr 2009 noch erlebt, dass »ihn beim intimen Kontakt mit einer Frau die Zwangsvorstellung mit dem Bild aus der E-Mail überfalle und er dann tatsächlich nachschauen müsse, ob sie nicht in einer ähnlichen Weise von einer Krankheit oder einem vergleichbaren Zustand befallen sei«. Der Landrat von Wesel, auch Chef der Kreispolizeibehörde, schafft es nicht, das Gericht davon zu überzeugen, dass die E-Mail als Ursache für eine psychische Erkrankung des Polizisten »nicht nachvollziehbar« sei und »jeder Lebenserfahrung« widerspreche. Für den Landrat ist zudem unverständlich, dass der Polizist sich nicht schneller in ärztliche Behandlung begeben und den Vorgang erst im Juni 2006 als Dienstunfall gemeldet habe.

Der Richter sieht das anders: Das Land NRW muss dem Urteil zufolge nun für Behandlungskosten und Spätfolgen haften. Zudem droht möglicherweise die nächste Klage. Der Polizist will laut Gerichtsunterlagen »gegebenenfalls Schadenersatz geltend machen« – die Geschehnisse hätten Karrierenachteile für ihn zur Folge gehabt. Mittlerweile ist er nicht mehr in Wesel. Den Angaben eines örtlichen Polizeisprechers zufolge hat er sich auf eigenen Wunsch versetzen lassen – in eine andere Polizeibehörde. Nicht geklärt ist, ob weitere Klagen wegen Dienstunfällen anhängig waren. Bis jetzt haben sich weder am Fall beteiligte Richter, Sachverständige, Zeugen oder Prozessbeobachter gemeldet.

Dem Lehrling auf die flinken Finger geguckt

Matthias K. begann eine Lehre zum Kaufmann für Bürokommunikation. Ein Job, der prima zu dem 19-Jährigen aus Norderstedt passte. Denn was Matthias wirklich unglaublich schnell konnte, war tippen. Und zwar nicht im Lotto oder auf den Gewinner bei Schneckenrennen, sondern auf der Computertastatur. Allerdings nur mit zwei Fingern, also jeweils einem von jeder Hand. Eine Technik, die weitverbreitet ist und sich »Adlertechnik« nennt: ausspähen und zuschlagen. Die meisten Menschen schreiben damit zwar nicht »blind«, also ohne dabei auf die Tastatur zu gucken, aber doch relativ schnell. Allerdings kaum so schnell wie Matthias. Nichtsdestotrotz war auf seiner Berufsschule Geschwindigkeit nicht alles beziehungsweise nichts, denn dort bedeutete eher Technik alles. Als technik-affiner Mensch sah Matthias K. das wiederum ganz anders, denn die Schreibtechnik mit zehn Fingern hielt er für längst überholt. Er zog vor das Verwaltungsgericht Schleswig. »Ich will meine Prüfung im Fach Textverarbeitung mit so vielen Fingern schreiben, wie ich es für richtig halte, und das ohne Punktabzug«, war, was er dort durchsetzen wollte. Den Ärger holte sich der Zwei-Finger-Schüler, als er im praktischen Unterricht schneller tippte als alle anderen. Mit beachtlichen 500 Anschlägen pro Minute ließ er die anderen Schüler mit nur 60 Anschlägen weit hinter sich zurück. Die Lehrerin glaubte ihm nicht, dass er derartig schnell schreiben könne, und wähnte Betrug. Ein Blick auf die Handarbeit ließ sie noch weiter stutzen: Alle Buchstaben flossen bei Matthias nur aus zwei Fingern.

Der Lehrplan sieht es nicht vor, dass acht Finger eines Schülers ungenutzt bleiben. Der Notenspiegel sieht für acht ruhende und zwei arbeitende Finger eine Sechs vor. Matthias K. weigerte sich, ein System zu lernen, das er für »viel zu langsam und altmodisch« hält. Das Verwaltungsgericht musste entscheiden – zwei Wochen vor Matthias erster Prüfung. Den »Eilantrag auf Erlass einer einstweiligen Anordnung« hatte der clevere Schüler bereits eingereicht. Ein Gerichtssprecher wies ihn jedoch darauf hin, dass mit einer Entscheidung »nicht ganz so schnell« zu rechnen sei. Und nicht nur das: Das Verwaltungsgericht hat den Streitwert auf 5000 Euro festgesetzt und vor dem OVG ist ein Anwalt vorgeschrieben. Pech für den Azubi. Aber nicht ausweglos: Stattdessen wollte er einen Eilantrag vor dem Europäischen Menschengerichtshof einbringen. Ein wenig gedemütigt musste sich Matthias dann, wie alle anderen auch, unter dem strengen Blick der Lehrerin mit zehn Fingern herumschlagen. »Blind schreiben« sei übrigens für ihn auch kein Problem. »Schließlich bin ich mit dem Amiga 500 groß geworden.«

VIII. URLAUBER KLAGEN

Liebestipps vom Richter

Ein Mann, der auf Menorca seinen Urlaub verbrachte, forderte von seinem Reiseveranstalter 1500 Euro Schadenersatz wegen unharmonischen Intimverkehrs als Reisemangel. Die Klage landete vor den interessierten Richtern am Amtsgericht Mönchengladbach. Der Kläger monierte, dass das Hotelzimmer statt mit einem Doppelbett nur mit zwei aneinandergeschobenen Einzelbetten ausgestattet war. Ein »friedliches und harmonisches Einschlaf- und Beischlaferlebnis« sei »während der gesamten 14-tägigen Urlaubszeit nicht zustande gekommen«. Die Einzelbetten, die zudem noch auf rutschigen Fliesen gestanden hätten, seien »bei jeder kleinsten Bewegung mittig auseinandergegangen.« Dies habe bei ihm und seiner Lebensgefährtin zu »Verdrossenheit, Unzufriedenheit und Ärger geführt...«. Der Erholungswert habe erheblich gelitten. Der Richter konnte die Probleme des Mannes, zumindest was die Bettsituation anbelangte, nicht nachvollziehen. War also alles kein Witz und deswegen wurde es für den Kläger dann auch ernst. Denn zur Begründung führte der Richter aus: »Der Kläger hat nicht näher dargelegt, welche besonderen Beischlafgewohnheiten er hat, die fest verbundene Doppelbetten voraussetzen. Dieser Punkt brauchte allerdings nicht aufgeklärt zu werden, denn es kommt hier nicht auf spezielle Gewohnheiten des Klägers an, sondern darauf, ob die Betten für einen durchschnittlichen Reisenden ungeeignet sind. Dies ist nicht der Fall. Dem Gericht sind mehrere allgemein bekannte und übliche Variationen der Ausführung des Beischlafs bekannt, die auf einem einzelnen Bett ausgeübt werden können, und zwar durchaus zur Zufriedenheit aller Beteiligten. Es ist also ganz und gar nicht so, dass der Kläger seinen Urlaub ganz ohne das von ihm besonders angestrebte Intimleben hätte verbringen müssen.« Zu einem erfüllten Liebesleben gehört nach Meinung des Gerichts auch ein gewisser Einfallsreichtum, den der Kläger offensichtlich vermissen ließ. »Selbst wenn man dem Kläger seine bestimmten Beischlafpraktiken zugesteht, die ein fest verbundenes Doppelbett voraussetzen, liegt kein Reisemangel vor, denn der Mangel wäre mit wenigen Handgriffen zu beseitigen gewesen. Der Kläger hat ein Foto der Betten vorgelegt. Auf diesem Foto ist zu erkennen, dass die Matratzen auf einem stabilen Rahmen liegen, der offensichtlich aus Metall ist. Es hätte nur weniger Handgriffe bedurft, die beiden Metallrahmen durch eine feste Schnur miteinander zu verbinden. Es mag nun sein, dass der Kläger etwas Derartiges gerade nicht zur Hand hatte. Eine Schnur ist aber für wenig Geld schnell zu besorgen. Bis zur Beschaffung dieser Schnur hätte sich der Kläger beispielsweise seines Hosengürtels bedienen können. Denn dieser wurde in seiner ursprünglichen Funktion in dem Augenblick sicher nicht mehr benötigt.« Das Gericht wies somit die Klage ab (5a C 106/91).

Mann klagt gegen das Tragen langer Hosen

In diesem Streitfall buchte ein Ehepaar bei einem Reiseunternehmen für den August 2009 eine zehntägige Pauschalreise mit Halbpension nach Heraklion zum Preis von 2074 Euro. Als sie sich zum Abendessen in das Restaurant des Hotels begaben, wurde der Mann höflich darauf hingewiesen, dass er doch bitte statt der dreiviertel-beinlangen Hose eine lange tragen möchte. Der Ehemann verlangte nach der

Reise 414 Euro vom Reiseveranstalter zurück, da er sich ungerecht behandelt und mit dem Zwang zum Tragen langer Hosen zudem bloßgestellt fühlte. Im Reisekatalog sei schließlich kein Hinweis auf den Kleiderzwang in dem gehobenen Restaurant vorhanden gewesen. Sonst hätten sie den Urlaub nicht gebucht. Er und seine Ehefrau seien aus beruflichen Gründen im täglichen Leben auf das Tragen von geschäftsmäßiger Kleidung angewiesen und wollten sich daher gerade im Urlaub nicht auch noch einer Kleiderordnung unterwerfen. Das Reiseunternehmen zahlte nicht. Eines Hinweises im Katalog hätte es nicht bedurft. In einem Hotel der gehobenen Mittelklasse sei es selbstverständlich, in langen Hosen zum Abendessen zu erscheinen. Dies müsse im Katalog nicht extra aufgeführt werden. Der zuständige Richter des Amtsgerichts München wies die Klage (223 C 5218/10) ab: Die landestypische Verpflichtung, zum Abendessen in einem gehobenen Hotel eine lange Hose zu tragen, stelle keine Beeinträchtigung der Reise dar. Dass es auch und gerade in südeuropäischen Ländern üblich sei, zur Schonung des ästhetischen Empfindens anderer Hotelgäste wenigstens abends lange Beinkleidung vorzuschreiben, sei gerichtsbekannt und dürfte auch dem Kläger geläufig sein. Ergänzend werde angemerkt, dass der Kläger nicht gezwungen gewesen sei, eine »geschäftsmäßige Kleidung« zu tragen. Verlangt worden sei lediglich eine lange Hose, die der Kläger auch mit sich führte.

»Hitlergruß« in Sharm-el-Sheikh

Im vorliegenden Fall hatte der spätere Kläger 2009 eine siebentägige Pauschalreise nach Sharm-el-Sheikh in Ägypten zum Reisepreis von 689 Euro gebucht. Reisezeit war Mitte September. Der Gast beschwerte sich zunächst darüber, dass ein Hotelangestellter die Auflage einer Sonnenliege, welche der Deutsche »immer benutzte«, einem anderen Urlauber gab. Nach einer halbstündigen Diskussion bekam er seine Auflage zurück. Zwei Tage vor der Rückreise wurden am Abend auf einer Bühne Sketche aufgeführt. Bei einem Sketch sollten die unterschiedlichen Arten des Grüßens durch die verschiedenen Völker imitiert werden. Als der Gruß der Deutschen demonstriert werden sollte, gingen zwei Animateure im Stechschritt aufeinander zu. Beim Vorbeigehen erhoben sie den linken Arm und brüllten laut »Heil«.

Als der Reisende wieder zu Hause war, verlangte er von dem Reiseunternehmen Minderung des Reisepreises – und zwar 10 Prozent des Gesamtreisepreises für das Entfernen der Auflage und 25 Prozent Nachlass vom Gesamtreisepreis für die Unannehmlichkeiten durch den Sketch. Außerdem war er der Meinung, ihm stünde ein Schadenersatz mindestens 500 Euro wegen entgangener Urlaubsfreude und wegen Verstoßes gegen das Diskriminierungsgesetz zu. Das Reiseunternehmen zahlte allerdings nicht, da es die Vorfälle nicht als Mangel ansah. Das Amtsgericht München entschied (AG München 281 C 28813/09): Im Hinblick auf den Sketch liege ein Reisemangel vor. Wie die Beweisaufnahme ergeben habe, sei nach dem Sketch eine allgemeine Stille im Zuschauerraum entstanden. Der Urlauber und seine Begleiterin hätten sich unwohl gefühlt. Wesentliches Element eines Urlaubs sei, dass man sich als Gast wohlfühle und gastfreundlich behandelt werde. Hier sei aber der Eindruck entstanden, als Deutscher nicht willkommen zu sein. Dies beeinträchtige die Reise. Allerdings sei zu berücksichtigen, dass diese nur zeitweilig beeinträchtigt gewesen sei. Der Sketch habe am vorletzten Tag stattgefunden. Der Kläger sei damit für zwei Tage, und zwar in Höhe von 20 Prozent pro Tag, zu entschädigen. Er bekomme daher 34,45 Euro Reisepreisminderung. Einen Anspruch auf Schadenersatz durch den verunglückten Sketch und eine Minderung durch die Vergabe der Liegenauflage sah das Gericht allerdings nicht. Mehr als 34,35 Euro stehen ihm daher nicht zu.

Hosenlose Frechheit

Zwei deutsche Gäste echauffierten sich bei ihrem Hotelurlaub im sonnigen Kuba wegen des ständigen Anblicks nackter Tatsachen. Die beiden mussten zu ihrem großen Missvergnügen immer wieder erleben, dass sich ein Teil der anderen Gäste splitternackt auf dem Hotelgelände bewegte. Sie reisten schließlich ab und zogen in Deutschland vor Gericht. Mit Erfolg. Die zuständigen Richter am Landgericht – beziehungsweise später am Oberlandesgericht Frankfurt – sahen einen echten Reisemangel. Für den es 20 Prozent vom Reisepreis zurückgab. Kaum Chancen auf eine vergleichbare Klage hätten Gäste allerdings mit einem FKK-Strand vor der Tür. In der Urteilsbegründung wird ausdrücklich darauf verwiesen, dass der unfreiwillige Anblick nackter Leiber im Hotel eben nicht dem an einem Badestrand entspricht. Hier könne man sich dem Anblick kaum entziehen und die Grenze zu einer reinen Unannehmlichkeit sei ebenfalls überschritten.

Schiff störte bei Kreuzfahrt

Ein Ehepaar leistete sich für seinen Urlaub eine Zweibett-Balkonkabine für eine zweiwöchige Mittelmeerkreuzfahrt. 2280 Euro kostete die Kabine der Kategorie 6/7 im Heck des Schiffes. Statt Erholung in reichlich frischer Seeluft und mit vollem Buffet mit duftenden Leckereien bekam das Pärchen eher einen umfassenden Eindruck vom Arbeitsumfeld der Matrosen: jede Menge Gischt, Diesel- und Küchengerüche sowie Motorengeräusche und -vibrationen hielten sie von Sonnenbädern auf dem Balkon und überhaupt von der Erholung ab. Sie forderten 40 Prozent Minderung des Reisepreises (912 Euro) vom Kreuzfahrtunternehmen zurück, da in anderen Kabinen der gleichen Preisklasse vergleichsweise weniger Belästigungen spürbar gewesen wären. Der Veranstalter lehnte dies rundweg ab, die Sache endete vor Gericht. Der zuständige Richter am Amtsgericht München wies die Klage des Ehepaares ab. Die von dem Ehepaar geschilderten Umstände würden keinen Reisemangel darstellen, der zu einer Minderung berechtige. Die Beklagte habe die Kläger in einer Kabine mit Balkon der gebuchten Kategorie untergebracht und dadurch die geschuldete Leistung vertragsgemäß erbracht. Ein Schiffsreisender sei gehalten, die auf einem Kreuzfahrtschiff typischen Geräusche, auch bei erheblicher Lautstärke, hinzunehmen. Die Grenze zum Reisemangel werde erst dann überschritten, wenn aufgrund besonderer Umstände ein über den Geräuschpegel bei Normalbetrieb hinausgehender Lärm verursacht werde. Derartige Umstände könnten zum Beispiel ein Schaden am Motor sein oder eine deutlich erhöhte Reisegeschwindigkeit, um einen durch Fehlplanung entstandenen Zeitverlust aufzuholen. Nur die Anknüpfung an solch objektive Umstände ermögliche es, das Vorliegen eines Reisemangels rechtssicher festzustellen. Andernfalls müsste eine Beurteilung allein aufgrund des subjektiven Lärmempfindens des Reisenden erfolgen, ohne dass sich der Reiseveranstalter wegen der damit verbundenen Unvorhersehbarkeit darauf einstellen könne. Hier habe es unstreitig keinen Defekt an der Schiffsmaschine gegeben, der Antrieb erfolgte unter normalen Bedingungen und funktionierte einwandfrei.

Die gleichen Erwägungen rechtfertigten auch keine Minderung wegen der von den Klägern vorgetragenen Diesel- und

Küchengerüche sowie wegen des durch die Schiffsschwankungen hervorgerufenen Wassernebels. Die Annahme eines Reisemangels werde auch nicht dadurch gerechtfertigt, dass die Geräuschkulisse in anderen Kabinen der Kategorie 6/7, insbesondere in denen, die sich an der Längsseite des Schiffes befanden, geringer war. Dem Reiseveranstalter komme bei der Vergabe der Kategorien ein gewisser Ermessensspielraum zu, auch wenn sich die Kategorisierung unmittelbar im Preis niederschlage. Da bei der Einordnung aber eine Vielzahl von Gesichtspunkten zu berücksichtigen sei, sei es nicht zu beanstanden, verschiedene Kabinen der gleichen Kategorie zuzuordnen, auch wenn sie sich hinsichtlich einzelner Details voneinander unterscheiden.

Briten unterwegs

Der *Daily Telegraph* hat eine mutmaßlich im Auftrag des Verbands englischer Reisebüros durchgeführte Studie mit den absonderlichsten und absurdesten Beanstandungen missmutiger britischer Touristen veröffentlicht. Allein im Jahr 2008 sei etwa 22 000 Mal geklagt worden – und bei mancher dieser Urlaubsbeschwerden könnte man sich, würden sie verfilmt, in den Hauptrollen sehr gut Mr Bean oder John Cleese vorstellen:

So bemängelte zum Beispiel eine Reisende, dass sie und ihr Herzblatt in ihrem Hotelzimmer anstelle der reservierten Einzelbetten ein Doppelbett vorfanden – und nun ist sie in anderen Umständen. Mit zwei Einzel-Schlafplätzen wäre es nie so weit gekommen.

Eine Landsmännin belastete ein ganz gegensätzliches Problem: Durch die vielen Oben-ohne-Badenixen am Strand sei ihr Mann so abgelenkt gewesen, dass ihr Urlaub ruiniert war.

Und auch hier ging nicht mehr viel: Ein Urlauber erlitt ein Trauma, nachdem er in Afrika einen Elefantenpenis zu Gesicht bekommen hatte. Seither leidet er unter Minderwertigkeitskomplexen – und die Flitterwochen waren dahin.

Ein britisches Paar echauffierte sich, dass sich die hippe Ray-Ban-Sonnenbrille, die es für immerhin fünf Euro an einem Straßenstand erhandelt hatte, als Plagiat erwies.

Eine naive Touristin war empört und zeterte, weil das Hotelpersonal sie angeblich in ihrem Zimmer eingesperrt hatte. In Wirklichkeit hatte sie das Schild »Do not disturb«, das in ihrem Zimmer hing, als Aufforderung verstanden, in ihrem Zimmer zu bleiben.

Ein bisschen die Größen- und Preisordnung aus den Augen verloren hatte dieser Gast: »Ich habe die Größe unseres Apartments mit Schlafzimmer mit dem Apartment unserer Freunde (mit drei Schlafzimmern) verglichen. Und unser Apartment war deutlich kleiner!«

Es war vermutlich kein Biologe, der auf diese Beschwerde kam: »Ich wurde von einem Moskito gestochen – niemand sagte mir, dass die stechen können.«

Fast schon nachvollziehbar klingt dagegen das: »Wir haben einen Ausflug in einen Aqua-Park gebucht, aber niemand hat uns gesagt, dass wir Badekleidung und Handtücher mitnehmen müssen.«

Aber Teepausen um vier gehen vermutlich in Ordnung: »Dass die Geschäfte am Nachmittag zumachen, zeigt, wie faul die Ladeninhaber sind. Ich hätte oft Dinge während der Siesta-Zeit kaufen wollen. Die Siesta sollte daher abgeschafft werden.«

Nicht ganz genau im richtigen Urlaubsland für kulinarische Vorlieben mit Curry-Gerichten ist dieser Goa-Reisende gelandet: »Ich mag keine scharfen Speisen.«

Haarsträubend blöd ist der hier: »Im Prospekt stand ›Kein Friseur in der Unterkunft‹. Aber wir sind Friseurlehrlinge, dürfen wir trotzdem in diesem Hotel bleiben?«

Waffel? Waffel: »Man sollte im Prospekt darauf hinweisen, dass in den Geschäften keine richtigen Kekse (das heißt britisches Gebäck) verkauft werden.«

Der hier warnt vor sich und seinesgleichen: »Es ist Ihre Pflicht als Reiseveranstalter, uns vor der Reise vor lauten und unangenehmen Gästen zu warnen.«

War vermutlich nicht auf Mallorca: »Hier gibt es zu viele Spanier. Die Dame am Empfang spricht Spanisch. Das Essen ist spanisch. Zu viele Ausländer.«

Diesem Tourist tat die Hitze offensichtlich nicht so gut: »Wir mussten draußen Schlange stehen, ohne Klimaanlage!«

Wirklich ungerecht: »Unser Rückflug von Jamaika nach England dauerte neun Stunden, aber die Amerikaner brauchten für ihren Heimweg nur drei Stunden.«

»Der Strand sah nicht aus wie im Prospekt. Im Prospekt sah er gelb aus – aber er war weiß.«

»Niemand hat uns vorher gesagt, dass es Fische im Meer gibt. Unsere Kinder haben sich sehr erschreckt.«

Zwei sind einer zu viel

Paul T. und seine 66-jährige Ehefrau Mary betreiben das Chymorvah Private Hotel in der englischen Grafschaft Cornwall. Beide sind streng katholisch. Paul und Mary wollten keine schwulen Paare in ihrem Hotel und standen deswegen vor Gericht. Die Hotelbetreiber konnten es nicht mit ihrem Glauben vereinbaren, dass zwei (schwule) Männer gemeinsam in einem Doppelzimmer nächtigen sollten. Die T.s beriefen sich dabei auf ihre Website, wonach nur verheirateten, heterosexuellen Paaren Nächtigungen im gemeinsamen Doppelzimmer gestattet sind. Die beiden abgewiesenen Männer, Maverick L. und Gordon S., die in einer eingetragenen Partnerschaft leben, haben eine Klage gegen die Hotelbesitzer eingebracht und forderten eine Zahlung von umgerechnet rund 6000 Euro. Die beiden beriefen sich dabei auf das seit 2007 gültige Gleichbehandlungsgesetz, in dem festgehalten wird, dass niemandem aufgrund seiner sexuellen Orientierung eine Dienstleistung untersagt werden darf. Die Männer bekamen recht. Der Richter stellte das Recht der Gleichbehandlung über das Hausrecht der Hotelbetreiber. Ebenso wenig könnten die beiden potenziellen Gäste wegen einer anderen Religionszugehörigkeit abweisen.

X. VERKEHR UND AUTO

Keine Raserei wegen dringenden Geschäften

Keine schöne Vorstellung: Sie sind auf der Autobahn in Ihrem Auto unterwegs. Plötzlich merken Sie, dass Sie unglaublich dringend auf die Toilette müssen und die nächste kilometerweit weg ist. So weit, dass Sie in Ihrer Not auf das Tempolimit pfeifen und Gas geben. So erging es einem Mann, der zu seinem Unglück nicht allein im Auto saß. Er war mit einer Beifahrerin unterwegs – in welchem Verhältnis er zu ihr stand, ist nicht bekannt. Aber insofern auch egal, ob Partnerin, Kollegin oder Unbekannte – was das Gericht, das ihn zu einer Geldbuße plus Fahrverbot verurteilte, als Alternative vorzuschlagen hatte, kam auf gar keinen Fall infrage. Nämlich:

– Auf dem Seitenstreifen anhalten und dort das Geschäft zu verrichten.

– Gar nicht anzuhalten und eine Verschmutzung der Kleider und des Autos in Kauf zu nehmen.

Das Oberlandesgericht hob das Urteil des Amtsgerichts auf und verwies es zur neuen Verhandlung und Entscheidung zurück.

Erst messen, dann mieten

Im Oktober 2006 mietete der Besitzer eines stattlichen Porsche Cayenne für ein Jahr einen Tiefgaragenstellplatz zu einem monatlichen Mietpreis von 115 Euro. Vier Monate später kündigte er den Vertrag wieder fristlos. Miete zahlte er keine. Daraufhin ging der Vermieter vor Gericht und verlangte den ausstehenden Mietzins von zu diesem Zeitpunkt insgesamt 460 Euro. Der Mieter weigerte sich zu zahlen. Er gab an, sein Fahrzeug habe eine Breite von 193 Zentimeter und passe somit nicht auf den Stellplatz. Der Vermieter habe ihm vor der Anmietung erklärt, dass er das Fahrzeug in der Garage abstellen könne. Der Vermieter erwiderte, dass der Beklagte zumindest rückwärts einparken könne. Dann könne er auch über die Fahrertüre ein- und aussteigen. Er habe auch nie zugesichert, dass der Wagen auf den Parkplatz passe. Die Kündigung sei nicht wirksam. Der zuständige Richter des Amtsgerichts München gab dem Vermieter recht und verurteilte den Mieter zur Zahlung des Mietzinses: Die Kündigung habe das Mietverhältnis nicht beendet. Dabei könne dahinstehen, ob der Porsche Cayenne so oder so herum auf den Parkplatz passe und ob der Kläger erklärt habe, ein Abstellen des Fahrzeugs sei möglich. Selbst in diesem Fall stelle es jedenfalls eine grobe Fahrlässigkeit seitens des Mieters dar, wenn er sich auf eine solche Äußerung verlasse, ohne selbst die Eignung des Stellplatzes zu überprüfen. Bei einem Fahrzeug mit derart überdurchschnittlichen Abmessungen hätte er den Stellplatz selbst vor Vertragsschluss ansehen müssen. Da ihm daher der Mangel durch eigene grobe Fahrlässigkeit unbekannt geblieben sei, könne er sich nicht auf diesen berufen und daher auch nicht wegen Mangelhaftigkeit der gemieteten Sache kündigen. Da der Vertrag weiter bestehe, müsse der Vermieter den Stellplatz auch nicht anderweitig vermieten.

XI. NACHBARSCHAFT UND MIETER

Strahlender Nachbar

Es gibt einige Details aus dem Leben der Nachbarn, die einem lieber erspart bleiben. Lauter Sex, häufiger Streit, ein brüllend lautes Fernsehgerät der Omi von nebenan. Die Klassiker der Nachbarschaftsgeräusche eben. Gegen eine ganz andere Lärmbelästigung klagte ein Berliner Mieter. Saß er gemütlich in seinem Wohnzimmer, hörte er die Urinstrahlgeräusche seines Nachbarn, einem unverbesserlichen Stehpinkler. Für die unangenehmen Geräusche verlangte er von seinem Vermieter 10 Prozent Mietminderung. Die Sache ging vor Gericht. Ein Sachverständiger stellte fest, dass zwar nicht sämtliche Nutzungsgeräusche aus dem Sanitärbereich der anderen Wohnung laut hörbar waren, jedoch die Uriniergeräusche eines Nachbarn akustisch deutlich auffällig vernehmbar seien. Nach weiteren Ausführungen liege die Ursache der ungewollten Geräusche in einem harten Verbund zwischen Stand-WC und Estrich beziehungsweise Rohdecke. Die Richter stuften die Geräusche im Wohnbereich als »sehr penetrant« und »unangenehm« ein. Der Wohnbereich würde für die Einnahme von Speisen und den Besuch/Empfang von Gästen genutzt. Daher hielt das Landgericht Berlin die Uriniergeräusche für so gravierend, dass eine Mietminderung von 10 Prozent gerechtfertigt sei (LG Berlin-67 S 335/08). Es dürfte allenfalls noch hinnehmbar sein beziehungsweise dem Üblichen entsprechen, dass derartige Geräusche unter Umständen gedämmt im eigenen Bad vernommen werden können, aber nicht im gesamten Wohnbereich.

Mutter Gottes!

Eine Vermieterin aus Münster prozessierte gegen ihre protestantische Mieterin. Diese protestierte über mehrere Monate hinweg durch Mietminderung (insgesamt 132,59 Euro, nebst 5 Prozent Zinsen über dem Basiszinssatz) gegen eine Madonna im Treppenhaus, da sie diese als »schockierend« empfand. Schockierend fand die Vermieterin die gekürzte Miete – und klagte diese ein. Das Gericht gab der Vermieterin recht. Darüber hinaus sei auch nach evangelischem Glauben Jesus durch Maria geboren worden, sodass die Aufstellung der Madonna im Treppenhaus kein Umstand sein kann, der zu einem besonderen Schock führt, so das Gericht.

Leiser orgeln

Die Domorgel in Verden stört. Zumindest eine Nachbarin. Die Klägerin wohnt seit 1972 in unmittelbarer Nachbarschaft des Verdener Domes. Ihrem Eindruck nach hat sich die Beeinträchtigung durch Geräusche der Domorgel seit einigen Jahren in einem von der Klägerin als unzumutbar empfundenen Maße gesteigert. Sie klagte daher auf Unterlassung. Das Oberlandesgericht hat daraufhin ein Sachverständigengutachten zur Lärmentwicklung eingeholt. Zudem verschafften sich die Richter vor Ort einen Eindruck von den Verhältnissen in der Kirche sowie auf dem Grundstück der Klägerin. Auf dieser Grundlage stufte der Senat die Einwirkungen der Orgelgeräusche als unwesentlich ein. Und bei der Abgrenzung zwischen wesentlichen und unwesentlichen Beeinträchtigungen sei nicht das subjektive Lärmempfinden eines Klägers entscheidend. Es sei vielmehr darauf abzustellen, ob nach dem Empfinden eines Durchschnittsmenschen eine Beeinträchtigung auch unter Würdigung anderer öffentlicher und privater Belange billigerweise nicht mehr zumutbar sei. Dabei würden die Lärmrichtwerte der TA Lärm als Orientierung dienen. Bei der Einhaltung der Richtwerte sei in der Regel von einer unwesentlichen Beeinträchtigung auszugehen. Und im konkreten Fall würden diese Werte eingehalten. Zudem habe der Senat sich davon überzeugt, dass über die Einhaltung der Werte hinaus die Geräusche nicht etwa wegen eines besonders unangenehmen Charakters unzumutbar sind. Die zuständigen Richter des Oberlandesgerichts aus Celle haben festgestellt, dass die Geräusche der Orgel die Nachbarn nicht wesentlich beeinträchtigen. Das Bürgerliche Gesetzbuch gebe keinen Anspruch darauf, dass von dem Orgelspiel auf dem Grundstück der Klägerin »überhaupt nichts« zu hören sein dürfe. Und unwesentliche Lärmbeeinträchtigungen müssten hingenommen werden, so das Gericht. Die Revision wurde nicht zugelassen. (Az. 4 U 199/09)

Flamingoplage

Familie Fleck mag Flamingos. Flamingos aus Plastik. Flamingos, die einzeln herumstehen oder in Gruppen. Ein kleiner Schwarm, der um einen Picknicktisch aus Lastwagenreifen sitzt und aus pinkfarbigen Plastikbechern trinkt. Flamingos, so weit das Auge reicht. Etwa 60 Stück. Neben den Flamingos haben die Flecks noch mehr Kunst auf ihrem Anwesen drapiert. Einen Plastikweihnachtsbaum, umhüllt mit weißen Stofffetzen. Dann wäre da noch der Haufen Paletten, auf dem eine Toilette thront. Auf der Toilette sitzt ein Wasserspeier. »Unser Hund braucht 2,8 Sekunden bis zum Zaun. Und Sie?« Dieses Schild ist die humorige Krönung des geschmacksverirrten Ensembles. Ein bisschen zu viel des Guten für den Nachbarn der Eheleute. Er muss, um zu seinem Neubau zu kommen, die Einfahrt der Flecks entlangfahren – was ihm per Gesetz nun zusteht und den Flecks gar nicht gefällt. Sein Anwesen hat einen amtlichen Schätzwert von rund 1 Million Euro. Er, der Nachbar – Mr Martini – behauptet nun, die Flecks wollten sich erstens dafür rächen, dass er sein Wegerecht erfolgreich erstreiten konnte, und zweitens zukünftige Käufer seines Anwesens mit ihren Dekorationsobjekten abschrecken. »Es ist schon ein wenig seltsam, dass diese Kunstgegenstände genau dann auftauchten, als das Urteil zu meinen Gunsten gesprochen wurde«, so Martini. Der Anwalt der Familie Fleck stellt den Sinn der Deko ganz anders dar: »Zweck der Gegenstände ist, die Fahrer der Baufahrzeuge vom Rasen abzuhalten«, die die Auffahrt herauf- und herunterbrettern. Ein Zaun als Sichtschutz wäre viel zu teuer. »Es mag auch sein, dass sie nicht den Geschmack der obersten Zehntausend der Gemeinde getroffen haben – aber damit haben die Flecks überhaupt kein Problem. Schließlich gibt es ein Recht auf freie Meinungsäußerung. Auch für die Flecks.« Eine 8-Millionen-Dollar-Klage, fand Nachbar Martini, wäre eine angemessene Antwort auf die geschäftsschädigende Flamingoplage.

Die gemeine Sexpetze

Dass geräuschempfindliche Nachbarn nicht zu den populärsten Zeitgenossen gehören, ist hinlänglich bekannt. Auch zu laute Nachbarn können einem auf den Keks gehen. Vor allem wenn die Geräuschentwicklung auf wildem, lautem und häufigem Sex fußt. Zugetragen hat sich der skurrile Nachbarschaftsstreit in Rio de Janeiro: Im öffentlich ausliegenden Beschwerdebuch seines Wohnkomplexes machte der Mann seinem Ärger über die lautstarke Leidenschaftlichkeit in der angrenzenden Wohnung Luft. Das »indiskrete Stöhnen und die skandalösen Schreie« des Paares seien Ausdruck eines intimen Verhaltens, das nur in Bordellen oder Straßenmotels akzeptabel wäre, echauffierte er sich. Das Paar verklagte seinen Nachbarn daraufhin wegen übler Nachrede und Beleidigung. Mit den schriftlichen Äußerungen habe der petzende Nachbar die »Grenze des Angemessenen« überschritten, befand auch der Richter Sérgio Jerônimo Abreu de Silveira. Mit dem auch für andere Hausbewohner einsehbaren Eintrag habe er den Ruf des Paares verunglimpft. Die Behauptungen gingen zudem über eine reine Beschwerde hinaus. In Zukunft dürfte der Mann wieder auf die altbewährte Methode gegen Lärmbelästigung zurückgreifen – und einfach gegen die Wand klopfen. Für seine Nachbarn ist die Angelegenheit dagegen in doppelter Hinsicht gut ausgegangen: Sie haben nicht nur einen Sieg für ihre (lautstarke) Liebe errungen, sondern dürfen sich auch über die Entschädigung freuen. Umgerechnet 4600 Euro muss der Brasilianer an seine Nachbarn zahlen.

Der Fall aller Fälle: Stella Liebig

Der Fall, der diesem Buch seinen Titel verdankt.[19] Viele Menschen haben von der Klage gehört, bei der eine Dame die Fast-Food-Kette McDonald's auf 75 Millionen US-Dollar Schadenersatz verklagte, weil sie sich heißen Kaffee auf den Schoß kippte – und die Klage gewann. Den wenigsten Menschen ist ihr Name geläufig: Stella Liebig. Sie ist die Namensgeberin des Stella Awards, der Preis, der für die dämlichsten Klagen des Jahres vom amerikanischen Autor Randy Cassingham vergeben wird. Ihr Fall darf in diesem Buch natürlich unter gar keinen Umständen fehlen. Hier die Wahrheit über 75 Millionen US-Dollar für zu heißen Kaffee.

---

19 Ob Stella tatsächlich 75 Millionen US-Dollar für ihr Missgeschick bekam? Eher nicht. Stella kann – und McDonald's wird – uns dies Frage leider nicht mehr beantworten. Warum dieses Buch dann trotzdem so heißt? Ganz einfach, weil diese Zahl nun mal im Internet kursiert und man sich außerdem 75 viel besser merken kann als 2,9 Millionen Dollar.

Stella Liebig war 1992 stolze 79 Jahre alt, als sie sich den wahrscheinlich berühmtesten Kaffeebecher der Welt über die Beine kippte, sich verbrühte und Schadenersatz einforderte. Stella fuhr nicht, entgegen anders lautenden Behauptungen, selbst Auto, sondern saß dabei auf dem Beifahrersitz im Auto ihres Schwiegersohns. Dieser fuhr kurz rechts ran, damit sich seine Schwiegermutter Milch und Zucker in den Kaffee rühren konnte. Tatsächlich klemmte sie sich dazu den Kaffee zwischen die Knie – und schüttete ihn aus. Die Verbrennungen, die sie dadurch erlitt, waren erheblich: zwischen 6 und 16 Prozent ihrer Haut wurden verbrüht, heißt verbrannt. Um ihre Verletzungen zu behandeln, benötigte sie Hauttransplantationen und Reha-Maßnahmen. Über zwei Jahre dauerten die Behandlungen an. Ihr Angebot über einen außergerichtlichen Vergleich von 20 000 US-Dollar zur Deckung ihrer Behandlungskosten lehnte McDonald's ab. Die Vorschriften des Qualitätsmanagements von McDonald's legten fest, dass der Kaffee mit zwischen 82 und 88 Grad Celsius serviert werden muss. Das ist sehr, sehr heiß: Flüssigkeiten mit einer derartig hohen Temperatur können innerhalb von zwei bis sechs Sekunden Verbrennungen dritten Grades verursachen. Um solche Verletzungen zu behandeln, sind, je nach Ausmaß und Fläche, Entfernungen der Haut und Transplantationen notwendig. Wobei in jedem Fall die typischen Brandnarben lebenslang zurückbleiben. Allein in den Jahren zwischen 1982 und 1992 verbrühten sich mehr als 700 Kunden von McDonald's an deren Kaffee – überwiegend nur leicht, in manchen Fällen schwerer. Auch in diesen Jahren kam es schon zu Anzeigen und Gerichtsprozessen gegen die Fast-Food-Kette. Zeugen, die in diesen Prozessen für McDonald's aussagten, gaben zu, dass die Kunden keine Ahnung haben, wie heiß der Kaffee laut hauseigener Vorschrift sein muss und wie gefährlich es sein kann, diesen zu verschütten. Sie gaben auch zu, ihre Kunden nicht gewarnt zu haben, und konnten auch nicht sagen, warum. Obwohl sie selbst einräumten, dass der Kaffee viel zu heiß zum Trinken ist, setzte niemand die Temperatur herab.

Als Stella Liebig 200 000 US-Dollar Schadenersatz bekam kam, wurden ihr 20 Prozent davon abgezogen (macht 40 000 Dollar, es blieben ihr also 160 000 Dollar), da die Jury befand, dass sie selbst eine Teilschuld von eben 20 Prozent an ihrem Unfall gehabt hätte. Was ist aber mit dem Rest der 2,9 Millionen US-Dollar passiert, die ihr als Gesamtsumme (»punitive damages«) zugesprochen wurde? Diese Summe errechnet sich übrigens aus den Einnahmen McDonald's für den Kaffee-Umsatz aus zwei Tagen. Das Gericht korrigierte den Betrag von 2,9 Millionen US-Dollar zunächst auf 480 000 Dollar nach unten. Das ist der dreifache Betrag des »tatsächlichen« Schadenersatzes, also dreimal 160 000 Dollar.[20] Mit den daraus resultierenden 640 000 Dollar ist die Geschichte aber noch nicht zu Ende gerechnet. Liebig und McDonald's verabredeten sich zu Vergleichsverhandlungen, die hinter geschlossenen Türen stattfanden. Was dabei herauskam, wussten nur Stella und McDonald's. Schließlich waren die Verhandlungen geheim. Die Kläger in Stella Liebigs Fall konnten, wie schon erwähnt, im Zeitraum von zehn Jahren mehr oder weniger 700 Verbrühungen von McDonald's-Kunden nachweisen. Also 70 Zwischenfälle pro Jahr. Darin eingerechnet sind sämtliche Verbrühungen: von schweren wie die von Stella bis hin zu leichten Rötungen der Haut oder einer tauben Zungenspitze. Man muss nun diese Zahlen in einen Bezug bringen. Ein McDonald's-Berater rechnete aus, dass dabei ein Zwischenfall auf 24 Millionen

---

20 Man unterscheidet zwischen »actual damages« und »punitive damages«. Ersteres lässt sich als Schadenersatz verstehen, Letzteres als Buß- oder Strafgeld.

verkaufte Tassen Kaffee kommt. Jeder Verletzung, egal ob schwer oder leicht, stehen somit 23 999 999 Tassen Kaffee gegenüber, die ohne weitere Verletzungen zu verursachen getrunken wurden. Diese Zahl spricht irgendwie schon dafür, dass keine größere Gefahr von McDonald's-Kaffee ausgeht. Sogar eine sehr wohlmeinende Jury konnte Stella keine Mitschuld (von 20 Prozent) absprechen. Alles in allem hat sie sich den Kaffee schließlich selbst über den Schoß gekippt. Da das Auto stand, wurde sie auch nicht geschubst. Statt ihren Kaffee irgendwo sonst im Auto abzustellen, um Milch und Zucker einzurühren, entschloss sie sich dafür, ihn zwischen die Beine zu klemmen. Wäre sie dadurch nicht einzig und allein selbst schuld an ihrem Debakel?

In Amerika gibt es die National Coffee Association. Diese empfiehlt, dass Kaffee sogar am besten bei 185 Grad Fahrenheit, also etwa bei 85 Grad Celsius, getrunken werden solle. Um einen optimalen Genuss zu erzielen, solle man ihn bei 90 Grad Celsius bis 95 Grad Celsius brühen und dann »unverzüglich trinken« oder zumindest auf 85 Grad Celsius warm halten. Was also genau ist das Problem von McDonald's? Ist der Verkauf von 85 Grad Celsius heißem Kaffee die Grundlage für »vorsätzliches und mutwilliges, rücksichtsloses und arglistiges Verhalten«, welches das Gesetz in New Mexiko vorschreibt, damit punitiver Schadenersatz festgestellt werden kann? Das wäre dann bei jedem heißen Kaffee, der irgendwo angeboten wird, der Fall – so das Urteil der Jury im Stella-Fall. Die meisten Menschen würden das Angebot, nämlich einen heißen Kaffee zu trinken, vermutlich nicht als arglistigen Akt ansehen. Stella Liebig ist mit ihrer Klage ein Symbol für eine ganze Nation geworden: »In Amerika verklagen sie einen wegen jedem Dreck.«

Doch nicht nur in Amerika gibt es dieses Konzept ...

XII. ZU GUTER LETZT: DIE BEKANNTESTEN FAKE-FÄLLE

Die nachfolgenden Fälle kursieren seit vielen Jahren im Internet, in der Presse oder in anderen Medien – und halten sich dort mit einer ähnlichen Resistenz wie Heino im Musikantenstadel. Genau wie Heino sind sie ebenso erfolgreich wie absurd. Anders als Heino sind sie jedoch alle frei erfunden.

Kathleen Robertson aus Texas wurden 780 000 US-Dollar Schadenersatz von einem Gericht zugesprochen, nachdem sie in einem Möbelladen über ein Kleinkind gestolpert und sich den Knöchel gebrochen hatte. Die Ladenbesitzer waren verständlicherweise überrascht von dem Urteil, da das Krabbelkind der Sohn von Frau Robertson war. Diese Geschichte findet ihren Ursprung übrigens in der Anwaltsserie *Boston Legal*.

Carl Truman, 19, aus Los Angeles bekam 74 000 US-Dollar für Arztkosten zugesprochen, nachdem sein Nachbar mit seinem Honda Accord über dessen Hand gefahren war. Der junge Herr Truman bekam offensichtlich nicht mit, das jemand hinter dem Lenkrad des Wagens saß, dessen Radkappen er gerade klauen wollte.

Terrence Dickson aus Bristol/Pennsylvania wollte das Haus, in das er gerade eingebrochen war, durch die Garage verlassen, als er bemerkte, dass die Fernbedienung für das Garagentor kaputt war. Zurück ins Haus konnte er nicht. Er hatte die Türe zufallen lassen – und die ließ sich nur in eine Richtung öffnen. Da sich die Hausbesitzer im Urlaub befanden, war Dickson acht Tage lang in der Garage gefangen. Er ernährte sich von einer Kiste Pepsi und einem Sack Trockenfutter für Hunde, die er in der Garage gefunden hatte. Dickson verklagte die Hausbesitzer, da ihm die Gefangenschaft in deren Garage unglaubliche Qualen bereitet hätte. Das Gericht sprach ihm eine halbe Million US-Dollar zu.

Jerry Williams aus Little Rock/Arkansas, bekam 14 500 US-Dollar für Arztkosten zugesprochen, nachdem er vom Beagle seines Nachbarn in den Hintern gebissen wurde. Der Hund befand sich an einer Kette im eingezäunten Grundstück des Nachbarn – genau da, wo auch Jerry Williams war. Die Summe fiel wesentlich geringer aus, als von Williams gedacht, da die Jury ihm eine gewisse Eigenschuld gab: Williams hätte den Hund provoziert, indem er wiederholt mit einem Schrotgewehr auf ihn schoss.

Amber Carson aus Lancaster/Pennsylvania bekam 113 500 US-Dollar von einem Restaurant in Philadelphia erstattet, nachdem sie auf einem verschütteten Softdrink ausgerutscht war und sich das Steißbein gebrochen hatte. Es war genau das Getränk, auf dem sie ausrutschte, das sie 30 Sekunden zuvor im Streit nach ihrem Freund geworfen hatte.

Kara Walton aus Claymont/Delaware verklagte den Besitzer eines Nachtclubs mit Erfolg, nachdem sie aus dem Toilettenfenster flog und sich am Boden zwei Schneidezähne ausgeschlagen hatte. Dies wiederum geschah, weil Ms Walten sich durch die Damentoilette davonstehlen wollte, ohne die Gedeckkosten von 3,50 US-Dollar zu bezahlen. Ihr wurden vom Gericht 12 000 US-Dollar für die Zahnbehandlung anerkannt.

Und der älteste Hoax der Welt:

Dorothy Johnson verklagte Kenmore Inc., die Hersteller ihres Mikrowellenherdes, auf Schadenersatz, weil sie ihren frisch gebadeten Pudel »nur für ein paar Minuten« zum Trocknen in die Mikrowelle steckte. Der Fall wurde nicht nur abgewiesen, sondern vorher erst mal erfunden. Manchmal taucht der Pudel in der Geschichte auch als Katze auf.

Der Kult aus Facebook
nun als Buch

Mit zugehaltener Nase kann man nicht summen.

Kellnerinnen erhalten in der Woche, in der sie ihren Eisprung haben, mehr Trinkgeld als sonst.

Ameisen fallen immer nach rechts um, wenn sie vergiftet werden.

208 Seiten
Preis: 8,99 €
ISBN 978-3-86883-201-3

Nutella hat Licht-schutzfaktor 9,7
Die volle Dosis unnützes Wissen

Diese und über 2000 weitere unglau liche, span-nende und skurrile Fakten aus allen Bereichen des Lebens beinhaltet dieses Buch. Zusammen-gestellt wurden sie auf der großen Facebook-Seite »Unnützes Wissen«, die täglich Tausende Fans begeistert.

Achtung!
Nichts für schwache Nerven!

„In fast jedem Wein befinden sich Reste von Nagern und Insekten."

„Jede fünfte Kaffeetasse in Büros ist mit Fäkalbakterien verseucht."

208 Seiten
Preis: 9,99 €
ISBN 978-3-86883-179-5

Preißler

Schreckliches Wissen
665 Fakten,
die Sie lieber nicht ge-
wusst hätten

Dieses Buch ist informativ, unterhaltsam und gruselig, und es wird Ihnen zahlreiche »Oh mein Gott!«-Momente bescheren. Leider wird das Schreckliche Wissen dazu führen, dass Sie bestimmte Dinge nicht mehr sehen können, ohne dass Ihnen ein kalter Schauer über den Rücken läuft.
Die gute Nachricht ist aber: Nach dieser Lektüre kann Sie nichts mehr erschüttern!

Zahlen und Fakten, die Sie immer schon über Sex wissen wollten

240 Seiten
Preis: 12,99 €
ISBN 978-3-86883-226-7

Stein | Zangl
Unglaubliches Sex-Wissen
1111 unnütze Zahlen und Fakten aus der Welt der Erotik

Das Thema, das jeden Tag die Welt bewegt? Sex! Alle wollen ihn, alle reden darüber und Zeitschriften und Fernsehsendungen sind voll davon. Doch es gibt noch eine ganz andere Sicht auf das Zwischenmenschliche: Zahlen und Fakten! Dieses Buch enthält unzählige überraschende, lustige, verblüffende und manchmal schier unglaubliche Tatsachen um das Thema Sex und Erotik.